U0896391

杨式太极拳推手入门

庞大明◎编著

河南科学技术出版社
·郑州·

图书在版编目（CIP）数据

杨式太极拳推手入门 / 庞大明编著．—郑州：河南科学技术出版社，2017.10（2023.2重印）

ISBN 978-7-5349-9040-3

Ⅰ.①杨… Ⅱ.①庞… Ⅲ.①太极拳－推手(武术) Ⅳ.①G852.11

中国版本图书馆 CIP 数据核字（2017）第 255000 号

出版发行：河南科学技术出版社
地址：郑州市经五路 66 号　邮编：450002
电话：（0371）65737028　65788140
网址：www.hnstp.cn
策划编辑：韩雅楠
责任编辑：陈海颜
责任校对：郭晓仙
封面设计：张　伟
版式设计：王　歌
责任印制：张艳芳
印　　刷：永清县晔盛亚胶印有限公司
经　　销：全国新华书店
幅面尺寸：168 mm×235 mm　印张：9　字数：120 千字
版　　次：2017 年 10 月第 1 版　2023 年 2月第 3 次印刷
定　　价：38.00元

作者简介

庞大明，生于1957年，山东省潍坊市人。经济师；药剂师；邯郸市太极拳学会会长（法定代表人）。由于其在太极拳方面有较深的造诣和贡献，经邯郸市市委、市政府研究决定，被批准为“邯郸市首批优秀专业技术人才”，市管专家，享受政府津贴。国家武术七段；获得中国武术协会颁发的太极拳教练员执教证；中国武术段位制太极拳指导员、考评员；中央广播电视大学太极文化研修中心（邯郸）副主任；中央广播电视大学太极文化研修中心（邯郸）国家武术段位制考试点副主任；邯郸广播电视大学特聘专家。

庞大明先生先后担任2013年第一届、2014年第二届中央广播电视大学太极文化研修中心太极拳大赛组委会秘书长、总裁判长，中国·永年国际太极拳联谊会副秘书长，中国·邯郸国际太极拳联谊会副秘书长，中国·邯郸国际太极拳交流大会副秘书长，邯郸市武术协会副主席，邯郸杨班侯太极拳研究会理事长，北美武（郝）式太极拳总会海外顾问，被第五届中国·永年国际太极拳联谊会授予“太极大师”称号。由于其在第五届中国·永年国际太极拳联谊会中贡献突出，被记功表彰。同时，其被《中国太极拳大辞典》等20多种国内外大型辞典收录。

庞大明先生系陈式太极拳第十九代传人、杨式太极拳第五代传人、武式太极拳第六代传人。先后在《武林》《武魂》《少林与太极》《精武》《武术健身》等省级以上武术杂志发表太极拳论文百余篇，有太极拳专著11部。

前 言

武术在我国源远流长，是中华民族的国粹。太极拳是国粹中一块耀眼的瑰宝，而太极拳推手则是镶嵌在这块瑰宝上独具魅力的一枝奇葩。太极拳现有陈式、杨式、武式、吴式、孙式五大流派，其中，杨式太极拳在世界上习练者最众、影响面最广、声誉极高。国家体育运动委员会于1956年根据杨式太极拳编订《24式简化太极拳》，又于1957年依据杨式太极拳定编了《88式太极拳》，形成了国家统一标准的“太极拳运动”系列健身运动方式。

杨式太极拳推手是为提高技击技能的一项文明、高雅的训练形式，兼具趣味性、娱乐性和竞技性。在杨式太极拳中，推手因其独特的形式备受广大太极拳爱好者青睐。

长期以来，杨式太极拳推手受以师带徒的传授形式的束缚，其技法在社会上流传不广，规则界定模糊，只能模仿打打轮、转转圈者较多，所以造成形似相扑之顶牛，像似摔跤之搂抱的局面。

杨式太极拳推手的手法和步法都有着严格的规定。比如，手法分四正和四隅，以四正手“掤”为例，掤是不允许抓或握的，握住对方腕部，向上用力为“挒”，向下用力为“采”。杨式太极拳四正推手为“掤、攌、挤、按”四手法，在四正推手比赛中是不能出现四隅推手的手法的。再如，杨式太极拳推手步法分定步推手和活步推手。定步推手为田字步，活步推手为川字步。以活步推手为例，三步半只能在川字步内往返，不能出川字步的界限。若手法、步法、四正、四隅不明确，竞赛规则就无法界定，因此在一些推手比赛中，常出现搂、抱、摔、顶牛现象，致使这种文明、高雅的竞技项目被叫停，直接影响了这一优秀项目的发展。

目前，跆拳道、拳击、摔跤、散打、相扑等项目都进入了国际性的武术大赛中，甚至进入了亚运会、奥运会中。这是因为这些项目的技法清楚、规则明确。比如，跆拳道只许用脚，不许用手；拳击只许用拳，不许用脚。这样练起来目标明确，裁判法也简洁明了。而太极拳推手因四正与四隅不分，步法也没有限定，不能清楚断定谁输谁赢，致使太极拳这一影响较大的拳种，一直未能列入国际性大赛中，这一点不得不让人感到遗憾。

杨式太极拳之魂是练“知觉运动”，杨式太极拳之核心是“四星八线”“两准四平”“中定”。失去了“知觉运动”，就失去了杨式太极拳之魂；失去了“四星八线”“两准四平”“中定”，就失去了杨式太极拳之核心，也就无法制定规则，更无依据进行裁判，所以就造成了现在的尴尬局面。

杨式太极拳推手有单手推挽、定步推手、活步推手、大攌四种。推手分四正、四隅两种。单手推挽、定步推手、活步推手为四正，大攌为四隅。推手手法有掤、攌、挤、按、采、挒、肘、靠八法，其中，掤、攌、挤、按为四正，采、挒、肘、靠为四隅。推手步法有田字步、川字步、米字步三种。单手推挽、定步推手用田字步；活步推手用川字步；大攌用米字步。只有了解了这一优秀拳种的手法、步法，才能制定出切实可行的裁判法，竞技比赛才有法可依，这一优秀拳种才能更好地被普及推广，发扬光大。

本书主要采用的是杨式太极拳四正推手的定步推手和活步推手两种形式，因为四正推手手法为“掤、攦、挤、按”，在竞技比赛中不会出现危险，不会伤及对方。

本书是依据杨式太极拳推手传统竞技规则整理的，分礼仪和技能六个段位讲解、学习。本书旨在使杨式太极拳推手进一步规范化、系统化、标准化，进而促进其统一化和国际化，争取使其早日步入国际武术大赛，成为亚运会、奥运会项目。

与本书相配套的《杨式太极拳套路、推手竞赛规则与裁判法》，正在中央广播电视大学太极文化研修中心 122 个社区太极拳辅导站、邯郸市太极拳学会 10 个分会、邯郸广播电视大学太极拳学院及 2016 年第三届中央广播电视大学太极文化研修中心太极拳比赛大会试行，待论证修订后出版。

本书编写出版历经杨式太极拳传人、中央广播电视大学太极文化研修中心、邯郸市太极拳学会、邯郸广播电视大学太极拳学院相关专家三次会议讨论，尽管力求至善至美，然而，由于水平有限，如有不妥之处，恳请同道批评指正，以期再版时修订完善。

庞大明

2017 年 5 月

目录

第一章

杨式太极拳推手概论

太极拳推手是太极拳的一个重要组成部分。谈杨式太极拳推手，首先要了解杨式太极拳，不然，是无论如何也说不明白的，更谈不上了解学习杨式太极拳推手的目的。明确了目的，掌握了技法，才能制定出切实可行的推手比赛规则，使太极拳推手得以健康发展。

第一节　杨式太极拳的形成与发展

一、太和堂药店是杨式太极拳的摇篮

说起杨式太极拳，就不得不从河北永年太和堂药店谈起，因为太和堂药店是杨式太极拳形成和发展的起点。

作者与太和堂药店第七代传人陈萍先生合影

太和堂药店是怀庆府温县（今河南省温县）陈家沟陈氏第十二世陈继参于明崇祯七年（1634）在直隶省广平府（今河北省邯郸市永年区）西大街路北创建的，有门脸三间。后来陈继参在路南又购买焦老庆先生市房一所，里外三院，房三十余间，门脸三间，门脸前有广场。太和堂药店迄今已有380多年的历史了。据永年县（今邯郸市永年区）《卫生志》记载，在清朝时，广平府太和堂药店与北京同仁堂药店、天津达仁堂药店齐名。

太和堂药店在建店之初，掌柜、店员都是从怀庆府温县过来的，皆习练陈家沟拳，久而久之，就把陈式太极拳带到了广平府永年县。

杨禄禅（1799—1872）是广平府永年县闫门寨人，家境贫寒，后移居广平府南关，与其父以售酶土（一种用于洗衣服的土）、摆粮摊为生。一日，杨禄禅与其父途经太和堂药店，正遇有人在药店内无端闹事，杨禄禅停车视之，只见柜台内的伙计手掌一扬，就将寻衅闹事者掷于门外，跌倒在地。杨禄禅见此神奇之举，心生羡慕，便产生了要学这神奇之术的念头。他日思夜想，千方百计托人说情要到太和堂药店学拳。杨禄禅痴心求学的精神打动了太和堂药店的掌柜王昶，便答应让他先在太和堂药店内做杂工，闲时可跟着店掌柜学拳。

杨禄禅

此后不久，太和堂药店东家陈德瑚由怀庆府陈家沟到广平府太和堂药店视察，见杨禄禅聪明伶俐，仪表俊秀，天真可爱，便产生了怜爱之心。当时陈德瑚已年过半百，膝下无子。在太和堂药店掌柜王昶的撮合下，经杨禄禅父亲同意，陈德瑚将杨禄禅收为义子。陈德瑚给杨禄禅父亲留下银两后，带杨禄禅回到陈家沟。从此杨禄禅就住在陈德瑚家，由陈德瑚特聘陈家沟太极拳高手陈长兴（1771—1853）教授杨禄禅太极拳，同时陈德瑚亲自教授他文化和中药学知识。这为日后杨禄禅成为文武双全的一代太极拳宗师奠定了基础。（以上情况均根据太和堂药店家传“折子”撰写。）

根据《永年县志》记载：“杨福同（魁），字禄禅，南关人，家贫，性和善……佣于太和堂药店行为膳夫，行固河南温县陈家沟陈氏之业也。杨以聪明勤俭，故得主人欢，特荐之于陈家沟。”（见民国初年《永年县志》第186页）

十年后，陈德瑚喜得贵子，取名陈本格，字备三。此时杨禄禅已长大成人，拳艺也学有所成，陈德瑚便以厚礼相赠，命杨禄禅返回故里，协助掌柜王昶打理广平府太和堂药店。因杨禄禅念念不忘陈德瑚的养育之恩和长兴师的授艺之情，时常回陈家沟看望养父陈德瑚以及授艺恩师陈长兴。这就是后人称杨禄禅三下陈家沟之美谈。

二、杨式太极拳的形成

杨式太极拳是在陈式太极拳的基础上逐渐演化而成的。

陈式太极拳原有五路拳、五路捶、一路一百单八势长拳、一路小四套以及散手、短打、亦是短打，共15个套路。杨禄禅重视师承，但不拘泥于师承。他回到故里永年，在教拳的实践过程中与当地习惯相结合，将陈式太极拳原有的套路名称根据拳势的特点改为太极拳大架、太极拳中架、太极拳小架、太极拳提腿架、太极拳快架、太极四路炮捶、太极四隅捶、太极十三路炮捶、太极撩挎八卦掌、太极散手、太极一时短打（陈式太极拳名曰“亦是短打”，杨式太极拳和武式太极拳均由方言发音而演化为“一时短打”）。

杨禄禅自陈家沟回永年时所带回的拳谱名曰《陈沟拳谱》，而永年太和堂药店从陈家沟带到永年的拳谱名称也为《陈沟拳谱》。这两份拳谱虽名称相同，但内容不同，为将其区别开，笔者将永年太和堂药店的《陈沟拳谱》称为《太和堂太极拳谱珍藏本》，将杨禄禅的《陈沟拳谱》称为《杨禄禅太极拳谱》。

《太和堂太极拳谱珍藏本》有五套拳谱、五套捶谱、太极一百单八势长拳谱、太极小四套谱、太极散手谱、太极短打谱、太极亦是短打谱、太极拳经总歌、太极挤手、太极撂手、太极缕手、太极十八拿法、太极六六三十六势滚跌、太极单剑谱、太极双剑谱、太极单刀谱、太极双刀谱、太极双锏谱、桓侯四枪谱、桓侯四枪对扎法、太极八枪谱、太极八枪对扎法、太极十三枪谱、太极二十四枪谱、太极二十四枪歌诀、太极二十四枪练法、旋风棍、盘罗棒、盘罗棒练法、大战朴镰歌诀、春秋刀诀等。另附有辅助练功和健身养生的“上清枕”“上清汤”“神宝散”“肿消丸”“疼消酒”等二十多个中药秘方。

《杨禄禅太极拳谱》有太极一百单八势长拳谱、五套拳谱、五套捶谱、太极小四套谱、太极散手谱、太极短打谱、太极亦是短打谱、太极丹田行功法、太极裆行功法、太极顶劲行功法、太极圆行功法、太极上下行功法、太极进退行功法、太极开合行功法、太极出入行功法、太极领落行功法、太极迎敌行功法、太极缠丝行功法、太极背丝扣行功法、河图洛书合成缠丝劲行功法、太极点穴理、太极点穴法、太极三十六穴、太极十二大穴时辰点穴秘诀叫门法、太极十二中穴点穴法、太极十二小穴点打拿法、太极十六挫骨法、太极二十四筋脉拿法、太极挤手成法、太极挤手练法、太极撂手、太极缕手、太极十八拿法、太极六六三十六势滚跌等。另附有辅助练功和健身养生的“上清枕”“上清汤”“神宝散”“肿消丸”“疼消酒”等二十多个中药秘方。

杨禄禅对陈式太极拳套路进行重新修正、演化的原因有二：一是他经过多年演练心有所得，二是受授艺恩师陈长兴的影响。杨禄禅跟陈长兴学拳时正是陈式太极拳发展的又一个高潮期，这个高潮比以往的高潮影响都大。这个高潮使陈式太极拳一分为二，由陈式太极拳分为大圈架太极拳和小圈架太极拳，后来人们将大圈架太极拳称为大架太极拳，将小圈架太极拳称为小架太极拳。陈式太极拳在没有分大架和小架时，人们习惯将陈式太极拳称为陈沟拳，或称十三势、十三折、十三叠、十三炮。当陈式太极拳分成大架和小架后，因陈式太极拳大架的代表人物陈长兴住在陈家沟村的南面，所以陈式太极拳大架也被称为“村南拳”或“南头拳”。陈式太极拳小架的代表人物陈有恒、陈有本住在陈家沟村的北面，所以陈式太极拳小架又被称为“村北拳”或“北头拳”。陈式太极拳的演化对杨式太极拳的形成有着很大的影响。

杨禄禅受教于陈长兴，又受到陈式太极拳原拳架和陈式太极拳小圈架之影响，他结合个人的练拳体会，分别将大圈、中圈、小圈纳入不同的套路中练习，逐渐形成了自己独特的风格。

三、杨式太极拳的发展

杨禄禅到北京授拳后，太极拳以其深厚的文化底蕴、精湛的技击方法和显著的健身效果而逐渐得到社会的认可，上至达官贵人，下至平民百姓，都能接受杨式太极拳。这给杨式太极拳日后的发展奠定了良好的基础。

杨禄禅由陈式太极拳演化出“太极拳 108 势”。108 是 36 天罡星和 72 地煞星之和，为吉祥之数，故取此数为拳名之口彩。“杨式太极拳 108 势”亦称“杨式太极拳老架”。

杨式太极拳到第二代分为两支，一支以杨禄禅次子杨班侯为代表，一支以杨禄禅季子杨健侯为代表。

杨式太极拳第二代传人杨班侯（1837—1892）继承了杨式太极拳老架的 15 个套路。杨班侯先在清军中任教官，由于训练士兵业绩显著被提升为武德骑尉，戴蓝翎（正五品）。后因历史原因，正值而立之年就解甲归田，因回故里后不以授拳为业，所以杨班侯对杨式太极拳老架的 15 个套路未加改动，原汁原味地传承了下来。人们除称这套系列拳架为“杨式太极拳老架”或“杨式太极拳 108 势”外，还习惯称之为“班侯太极拳系列拳架”。

杨班侯

而另一支杨式太极拳第二代传人杨健侯（1839—1917）一直以教拳为业。由于火兵器的出现，武术在军队、保镖、看家护院这些行业中的地位逐渐被削弱，根据社会发展的需要，杨健侯在继承太极十三势行工法的基础上，对杨式太极拳老拳架进行简化，将大圈架、小圈架删除，将两个中圈架中的高难度动作删除，将原来的15个套路简化为5个套路，将原来的108势简化为81势。这5个套路分别是：太极拳虚腿拳架（81势）、太极拳实腿拳架（81势）、37势太极拳、太极长拳（72势）、太极散手。这套系列拳架被人称为“杨式太极拳传统套路”，或称“杨式（81势）太极拳”，杨健侯中晚期在社会上传授的就是这套系列拳架。杨健侯审时度势，及时调整太极拳的教学方法，使杨式太极拳得到世人的认可，使之得以发扬光大。

杨健侯

杨式（81势）太极拳在用法上讲究“一手出三手，三手变九手，九九八十一手”，又合“九宫八十一步量天尺”之数，81为如意之数，故以此数为拳名之口彩。“杨式（81势）太极拳”也被称为“杨式太极拳传统套路”。

杨式太极拳第三代传人杨澄甫（1883—1936）早中期在社会上传授的都是其父杨健侯简化的这套杨式（81势）太极拳系列拳架。到1934年由杨澄甫口述、郑曼青整理撰写的《太极拳体用全书》出版后，杨澄甫才在杨式太极拳传统系列套路的基础上稍加改动，将太极拳81势改为85势。他定型的系列拳架有：太极拳虚腿拳架（85势）、太极拳实腿拳架（85势）、37势太极拳、太极长拳（72势）、太极散手。门内传人除将杨澄甫这套系列拳架称为“杨式太极拳定

杨澄甫

型拳架”和“杨式（85 势）太极拳”之外，还习惯称其为“杨式太极拳‘老五路’”；因为散手分上手和下手，所以也有人把这套系列拳架称为“杨式太极拳‘老六路’”。

杨式（85势）太极拳涵盖了太极文化中阴阳、五行、八卦、十天干、十二地支、二十四节气中的85个字。85为吉祥如意之数，故以此数为拳名之口彩。“杨式（85势）太极拳”也称为“杨式太极拳定型套路”，同时，又称“八五势太极拳”，八加五得十三，故暗合太极十三势。

杨澄甫在《太极拳之练习谈》中是这样说的，学习“太极拳之程序，先练拳架(属于徒手)，如太极拳、太极长拳；其次单手推挽、原地推手、活步推手、大攌、散手”。太极拳包括一个太极拳实腿拳架、一个太极拳虚腿拳架和37势太极拳，将这三个拳架学好后，再练太极长拳，将以上四个拳架练好后，把单手推挽、原地推手、活步推手、大攌练熟，最后学习散手。杨澄甫的杨式太极拳定型系列拳架至今仍保持着这五个套路。

杨式太极拳第三代传人杨澄甫先生指出：“若就太极拳而论，概多数是杨禄禅师以后传下来的，今竟分东派西派，各自赞美，初学人难分清的，我亦说我的拳好，究竟哪个好，理想知道各姿势不

同，有说长力的，有说长巧的，无论如何，太极拳理不能两说也。不得真传，不得所以然也。”（《太极拳使用法》）

第二节　杨式太极拳推手的形成与发展

在了解了杨式太极拳的形成与发展的基础上，我们再探讨杨式太极拳推手的形成与发展就容易多了。

一、杨式太极拳推手的形成

“推手”一词出自何时还有待考证。在陈式太极拳老拳谱中有“挤手”“擖手”“缕手”或“搞手”，但没有“推手”一词。在《太和堂太极拳谱珍藏本》和《杨禄禅太极拳谱》中有太极挤手成法、太极挤手练法、太极擖手和太极缕手的记载，没有“推手”一词。陈式太极拳第十六代传人陈鑫（1849—1929），字品三，在1919年撰写的《陈氏太极拳图说》中也没有提及“推手”一词。有资料显示，陈鑫还著有《搞手三十六病》，书中同样没有“推手”之称。

陈式太极拳第十八代传人陈照丕（1883—1972），字绩甫，在1935年撰写的《陈氏太极拳汇宗》一书中使用的也是“搞手”，而没有“推手”之称。

据陈式太极拳老拳谱《太和堂太极拳谱珍藏本》和《杨禄禅太极拳谱》记载，挤手成法为“挪、缕、挤、捺、采、挒、肘、靠”。挤手练法分为五种。①定步挤法：顺步、拗步。②换步挤法：单步、双步。③活步挤法。④颠步挤法。⑤大缕挤法。

《陈氏太极拳汇宗》中记载，“搗手”练习法为“挪、缕、挤、捺（此是两人交手，四肢运用之大法）”。

《陈氏太极拳汇宗》中对“挪、缕、挤、捺”更为详细地解释为：“挪者，人以两手相推，我以右胳膊向上挪之，此之谓挪。缕者，我以右肱挪住人手，我即以右肱之挪者，横而进之，人即将身先向后一退，而以两手缕住我右肱，此之谓缕。何谓挤，如我以右肱前进，人即缕住吾肱，我以肩向前进，是之谓挤。何谓捺，如我以左手拨人之手，人即随势捺住我之左肱，是之谓捺。两人交手，彼挪我缕，彼挤我捺，或我挪彼缕，我挤彼捺，挪与挤皆用一肱一肩，左右同。缕与捺是用两手，左右亦同，即此挪缕挤捺，两人来往，互用循环不已，而其中随势变化，存乎其人，学者先要学拳，节节用心揣摩。迨功夫既久，上下相随，然后搗手。不然人硬气欺压，我以硬气相抗，胳膊亦用硬气，不惟不能过者，且生多少病，故功夫必须用到八九分，然后再学搗手，则滞疑之弊鲜矣。”

以上陈式太极拳拳谱对“挤手”或“搗手”的手法和步法讲解得十分清楚，杨式太极拳推手与陈式太极拳的手法和步法相同，但在形式上有所演化，其大致是从以下三个方面逐渐演化的。

（一）从文字方面演化

杨式太极拳将陈式太极拳的“挤手成法”演化为“推手成法”，即将“掤、缕、挤、捺、采、挒、肘、靠”逐渐演化为“掤、攦、挤、按、采、挒、肘、靠”。

陈式太极拳老拳谱中使用的是“缕”或“搂”字，而杨禄禅根据这个动作的内涵，创造了“攦”字。陈式太极拳老拳谱中使用的“捺”字，杨禄禅将其演化为“按”字。

“履”是指鞋。《说文解字》：“履，足所依也。”意为，履是脚上穿的鞋子。履本意是指鞋子，引申为践踩，履进。《周易》履卦：“履虎尾，不咥人，亨。”意思是说踩在老虎的尾巴上，老虎不咬人，亨通。“履虎尾，愬愬终吉”，意思是说踩在老虎的尾巴上，战战兢兢，最后吉祥。“攦”的内涵是使用手拿对方的臂，用足踩蹬地，手足合力将对方撅出。

杨禄禅造字是为了说明太极拳中“攦”这个动作的具体内涵，所以说攦不要单靠两臂往回拽，也不要单靠转腰来带动，要用两手撅住对方的单臂，同时用脚蹬地将对方撅拿住。两臂在攦时要注意沉肘护肋，不能夹肋，两腋下要留有可容一拳的空隙。

尽管“攦”字在太极拳界广泛使用，但由于杨禄禅造字时代较晚，没被收录到《康熙字典》和《中华大字典》中。1929年撰写的《太极拳讲义》，是我国官方主持编纂的第一部太极拳教材，也就是说，从那时起官方就开始用这个“攦”字了。现在有的书中将这个字用“捋”来代替，笔者认为不妥，因为“捋”与“抹”相同。试想，在技击过程中用手在对方的某一部位“抹”一下有什么意义呢？所以说不能用“捋”字来代替“搌”字。“搌”内含牵引、拿、撅等劲，尽管在字典中没有收录，但只有这个字才能说明这个动作的用途，所以说“搌”字已经成为太极拳文化中不可缺少，也是无字可以代替的一个独特的太极拳文化现象。“搌”字的创造也是杨禄禅对太极拳文化发展的又一重大贡献。

“按”字在陈式太极拳老拳谱中用的是“捺”字，杨禄禅回到故里后，在对太极拳动作进行演化的同时，结合广平府当地的习惯将“捺”字改为“按”字。

“捺”与“按”两个字在表述太极拳动作时，含义是相同的，只是存在方言使用习惯上的差异。《现代汉语词典》解释，捺：①按，摁；②忍耐抑制。按：①用手或指头压；②压住，搁下；③抑制。

（二）从名称方面演化

陈式太极拳老拳谱中有“挤手”“擂手”“缕手”“揭手”等说法，杨禄禅回到家乡教授太极拳，练拳者根据当地的习惯将陈式太极拳中的“挤手”称为“打手”“搭手”或“推手”。

目前，“推手”一词已成为双方相互试太极拳劲的固定用语了。“打手”很少有人使用，但在邯郸、永年一带“搭手”一词仍然在广泛使用，每逢太极拳拳友相聚时都会友好地说：“好久不见了，来，咱们搭搭手，找找劲（或听听劲）吧？”在这种场合下，一般很少有人用“推手”一词。“搭手”用在太极拳拳友之间，能体现出一种和谐、友好的气氛，同时也包含有相互学习、相互交流的含义。“推手”一词一般用于正式比赛中。

（三）从内容方面演化

杨禄禅将陈式太极拳中的“挤手练法”演化为“推手练法”，

或称“搭手练法”，分为以下几种：①单手推挽：定步单手推挽、活步单手推挽。②换步揉肘：单步揉肘、双步揉肘。③接手，或称打手，或打胳膊。④定步推手法：顺步推手、合步推手。⑤活步推手法：顺步推手、合步推手。⑥颠步推手法。⑦小搌推手法，或称小搌小靠。⑧大搌推手法，或称大搌大靠：虚步大搌、实步大搌。⑨八法推手法。

杨式太极拳对“推手成法”（或称“搭手练法”）进行划分，将“掤、搌、挤、按”称为四正推手法，将“采、挒、肘、靠”称为四隅推手法。

陈式太极拳中的“太极擖手”在杨式太极拳中仍然称为“太极擖手”。“杨式太极拳擖手”有“定步擖手”和“活步擖手”之分。“杨式太极拳擖手”是从杨式太极拳定步四正合步推手和活步四正合步推手延伸而来的。“杨式太极拳擖手”的“撅、引、化、撅”（或称“撅、引、化、拿”）是由“掤、搌、挤、按”的四正推手法衍生而来的，分为折叠擖手和顺转擖手。尽管是从推手衍生而来，但毕竟是擖手，不能与推手混为一谈。

挤手、擖手、十八拿法和六六三十六势滚跌在陈式太极拳老拳谱中分得清清楚楚，在杨式太极拳中也都各自演化而成各自的套路和练法。陈式太极拳挤手演化成杨式太极拳推手，陈式太极拳擖手演化成杨式太极拳擖手，陈式太极拳十八拿法演化成杨式太极拳抓筋拿脉，陈式太极拳六六三十六势滚跌演化成杨式太极拳三十六势短打。

综上所述，杨式太极拳推手是由陈式太极拳挤手演化而成的，并形成了定步单手推挽、活步单手推挽、换步揉肘（单步）、换步揉肘（双步）、打手（接手）、定步推手（合步）、定步推手（顺步）、活步推手（合步）、活步推手（顺步）、颠步推手、小搬小靠推手、大搬大靠推手（虚步）、大搬大靠推手（实步）、八法推手。各种推手都有各自的目的性和技术要领，不能相互混淆。

二、杨式太极拳推手的发展

杨式太极拳推手和杨式太极拳一样，也是由陈式太极拳逐渐演化形成的。杨式太极拳推手是由陈式太极拳挤手逐步演化而成的，演化的内容大体可分三个方面，一是从文字方面演化，二是从名称方面演化，三是从内容方面演化。

杨式太极拳推手到第二代分为两支，一支以杨禄禅次子杨班侯为代表，一支以杨禄禅季子杨健侯为代表。

杨班侯对杨式太极拳推手的单手推挽、换步揉肘、打手、定步推手、活步推手、颠步推手、小搬推手、大搬推手、八法推手练法未加改动，原汁原味地传承了下来。目前，学习“杨式太极拳老架”也就是“杨式太极拳 108 势”的人不多，所以，练这些推手的人也就寥寥无几了。

杨健侯为适应社会发展的需要，除对杨式太极拳老拳架进行简化外，还对杨式太极拳推手也进行了简化，把单手推挽的活步推挽删去，只保留了定步单手推挽；把换步揉肘、打手、颠步推手删除，保留了定步推手、活步推手、大搬推手。

目前，社会上习练的杨式太极拳推手，大多是学习杨健侯简化的定步单手推挽、定步推手、活步推手、大搬（分虚腿大搬和实腿大搬两种）。

第二章

学习杨式太极拳推手的目的、误区及竞赛规则的制定

杨式太极拳推手是一项文明、高雅的训练形式，这种形式兼具趣味性、娱乐性及竞技性。在杨式太极拳中，推手因其独特的形式深受广大太极拳爱好者的青睐。

杨式太极拳的应用，是通过杨式太极拳散手和一时短打实现的，而推手是杨式太极拳向杨式太极拳散手和一时短打过渡的唯一途径。杨澄甫在《太极拳之练习谈》中指出，学习“太极拳之程序，先练拳架(属于徒手)，如太极拳、太极长拳；其次单手推挽、原地推手、活步推手、大搌、散手”。也就是说，不学杨式太极拳推手，直接就练习杨式太极拳散手，就好比是盖了一座没有楼梯的高楼，外观漂亮，却并不实用。

第一节　学习杨式太极拳推手的目的

学习杨式太极拳推手，首先要将太极拳套路练熟，这是基础，没有基础的练习是没有意义的。练习太极拳套路的最基本要求是把动作做到松、柔、圆、活。把太极拳的动作练到松、柔、圆、活后，就可以练习太极拳推手了。练太极拳套路时的松、柔、圆、活，是在没有接触外力的情况下的独自练习时的松、柔、圆、活，遇到外力时则会出现僵、硬、直、滞现象，这是很正常的。因为我们只是练习了太极拳，还不会应用。练习推手就是学习应用，就是练习在接触到外力时仍能达到松、柔、圆、活的程度，这是更高一层的功夫。在接触到外力时仍能达到松、柔、圆、活，才算是真正掌握了太极拳的松、柔、圆、活。

本教程主要以定步四正推手和活步四正推手为主进行讲解。

一、学习杨式太极拳定步推手的目的

学习杨式太极拳定步推手的目的，是在练太极拳套路没有受外力影响的情况下已达到松、柔、圆、活的基础上，两人搭手在受其外力的情况下，使用“掤、搬、挤、按”四法，使用上肢以达到全身松、柔、圆、活。

杨式太极拳定步推手是在练习太极拳套路没有受外力影响的情况下已达到松、柔、圆、活的基础上，两人上肢在“掤、搬、挤、按”四法运动中练习沾连黏随、不丢不顶，逐渐达到会听劲、渐悟懂劲的一种训练方式。

杨式太极拳定步推手要求下肢重心前后运动时，两脚不离地，落地生根，稳如泰山，这亦是太极拳独有的“千斤坠”行功法之一。

杨式太极拳定步推手身法要求，在两脚不离地（脚尖或脚跟），两臂与对方运用“掤、搬、挤、按”四法对抗斗技时，身体躯干不滞、不僵，轻灵变换，系上下四肢完整一气，上下相随，周身一家。

二、学习杨式太极拳活步推手的目的

杨式太极拳活步推手是在定步推手已达到松、柔、圆、活，两脚落地生根的基础上，两人搭手灵活使用“掤、搬、挤、按”四法，再加上进退之步法，从而练习身体在前进后退运动中逐渐达到松、柔、圆、活，上下相随，周身一家的一种太极拳应用训练形式。

杨式太极拳活步推手是在已达到松、柔、圆、活的基础上，使两人上肢在“掤、搬、挤、按”四法配合步法运动中练习沾连黏随、不丢不顶，再逐渐在前进后退的运动中达到能听劲、渐悟懂劲的一种独特的训练方式。

杨式太极拳活步推手的要求：下肢在前进、后退、左腾挪、右闪展运动时，两脚落地生根，稳如泰山。杨式太极拳活步推手亦是太极拳独有的活桩“千斤坠”行功法之一，是“逆来顺受”“引进落空”“四两拨千斤”或“中定”功夫的一种训练方式。

杨式太极拳活步推手身法的要求：下肢配合步法练习时，两脚要落地生根，稳如泰山，顺随灵活，不即不离地前进、后退、左腾挪、右闪展；两臂与对方运用“掤、攦、挤、按”四法对抗斗技时，身体躯干不滞、不僵，轻灵变换；上下四肢完整一气，上下相随，周身一家。

第二节 学习杨式太极拳推手的误区

太极拳推手因其独特的练习方式及随处可练习的方便之处，得到众多太极拳爱好者的喜爱。但也有人在练习过程中存有误区，误区大致可分为两种：一种认为太极拳推手是杨式太极拳的最高境界，另一种认为杨式太极拳推手是一种自娱自乐的武术游戏。

一、认为杨式太极拳推手是太极拳的最高境界

有人认为，杨式太极拳推手是太极拳的最终目标，是太极拳功夫的最高层次，所以简单地学了个太极拳套路，便急功近利，要做太极拳“高手”。他们在既不了解杨式太极拳套路结构，也不知道杨式太极拳动作要领，更不懂得杨式太极拳招式用法的情况下，就不假思索地到处拜“名师”，访“高手”，强行学习杨式太极拳推手。

盲目地学杨式太极拳推手，不了解其要领和目的，再加上自己所谓的“悟”，想当然地漫无边界地发挥，与其说学的是杨式太极拳推手，倒不如说学的是摔跤又夹杂着擒拿。说是摔跤，又不懂摔跤的技术；说是擒拿，又不懂擒拿的要领。这种不伦不类的所谓的推手，如同儿戏，自己不知，还认为已悟出太极拳的真谛。

这种误区很大一部分来源于一些太极拳推手大赛。有的太极拳推手大赛在规则的制定上存有问题，把那些搂抱、摔跤、擒拿、散打、相扑等本不属于杨式太极拳推手范畴的招式也囊括了进去。这些有悖于杨式太极拳推手的招式出现在太极拳推手比赛中，并屡屡得手，甚至还能拿到不错的名次，久而久之，影响到人们对太极拳推手的认识，认为这种集搂抱、摔跤、擒拿、散打、相扑等于一体的太极拳推手就是太极拳的最高境界。殊不知，杨式太极拳推手有四正推手和四隅推手之分。四正推手即“掤、擸、挤、按”四法的对抗性竞技，四隅推手即“采、挒、肘、靠”四法的对抗性竞技。这两种推手都有自己严格的要求，如果不将太极拳四正推手和四隅

推手区分开比赛，那就像将跳高和跳远放到一起比赛一样，根本比不出高低来。

所以要推广太极拳推手，就要制定出公平、公正的竞赛规则，而在太极拳推手比赛中如不将杨式太极拳四正推手和四隅推手区分开，不弄清楚杨式太极拳推手的要领和目的，不但让人找不到修炼杨式太极拳真谛的道路，反而会把爱好者引向歧途。

二、认为杨式太极拳推手是一种自娱自乐的武术游戏

练习太极拳推手的第二个误区，是认为杨式太极拳推手是一种没有技术含量的、自娱自乐的武术游戏，根本不用拜师，几个太极拳推手爱好者在一起多推推、相互多摸摸劲就成了。有这种想法的人很多，这些人练习太极拳推手的目的很明确，就是锻炼身体。这部分人一般不与其他武术流派交流，对太极拳也不做较深的研究，更不参加太极拳推手比赛。

这些太极拳推手爱好者尽管只是为了健身，但他们数年如一日持之以恒地坚持利用早晨、上午和下午的健身时间凑到一起推推手，找找劲。他们很难分清四正推手、四隅推手的方法，对推手的八种方法——掤、攌、挤、按、采、挒、肘、靠，也弄不太明白，但就是由于这种坚持，他们摸索出了自己的一套方法，尽管有时也会出现推搡的现象，但从不会出现搂抱、摔跤、擒拿、散打、顶牛等现象。

这些太极拳推手爱好者，尽管在认识上还存在片面性和不完

整性，但从某种意义上来讲，他们比那些拜过“名师”、访过“高手”，甚至利用搂抱、摔跤、擒拿、散打、顶牛等手段在太极拳推手大赛中取得过名次的人，更接近杨式太极拳推手的真谛。

第三节　制定切实可行的杨式太极拳推手竞赛规则

杨式太极拳推手在传承过程中，对形式、身法、手法、步法的要求都是非常清晰具体的，操作性很强，易学、易练。在太极拳门内相互切磋时非常容易操作，因为他们的要求是清晰的、概念是一致的，所以不会出现争议，更不会出现那些搂抱、摔跤、擒拿、顶牛等现象。最为重要的是，切磋双方对每一势该怎样做、不该怎样做都心中有数，一旦谁出现失误，不用别人裁判，自己就心知肚明，技术上不会出现争执。所以说，杨式太极拳推手是提高太极拳技击技能的一项文明、高雅，同时兼具趣味性、娱乐性及竞技性的独特的训练形式。

杨式太极拳推手的形式有十三种，各种推手形式都有各自的目的性和技术要求，不能相互混淆。

杨式太极拳推手的手法分为“掤、搌、挤、按”四正推手法，“采、挒、肘、靠”四隅推手法和“掤、搌、挤、按、采、挒、肘、靠”八法推手法三种。

杨式太极拳推手步法分为“田字步”“川字步”和“米字步”三种。定步推手用“田字步”，活步推手和小攦小靠推手用“川字步”，大攦和八法推手用“米字步”。

杨式太极拳推手在形式、手法和步法上都有严格的规定。杨式太极拳传人在切磋推手时，首先约定形式，其次约定手法，最后约定步法。一旦约定妥当后，两人就会在约定的范围内进行推手，出现失误或违规时都会在第一时间内自认，气氛非常和谐、文明，根本不会出现搂抱、顶牛或扭打在一起的现象。

制定杨式太极拳推手竞赛规则，首先要正确认识和了解杨式太极拳推手，只有在正确认识和了解的基础上，才能制定出切实可行的竞赛规则，才能让这一文明、高雅的竞技形式得以发扬光大，为传统武术文化的普及推广做出应有的贡献。

杨式太极拳推手比赛规则也适用于陈式太极拳推手，因为杨式太极拳是从陈式太极拳演化而来的。陈式太极拳第十八代传人陈照丕，在1935年撰写的《陈氏太极拳汇宗》一书中对陈式太极拳推手的讲解与杨式太极拳四正推手法是相同的，故认为杨式太极拳四正推手比赛规则也适用于陈式太极拳推手。

制定杨式太极拳推手竞赛规则，和制定球类比赛规则、武术比赛规则一样，如果不了解比赛什么球和什么拳种，学问再高，也很难制定出切实可行的比赛规则。只有了解了所比赛的拳种，才会制定出切实可行、易于操作的竞赛规则。简而言之，足球比赛不能用手接球或投球，武术比赛也是如此。拳击不能用脚击打对方，跆拳道不能用手击打对方，太极拳推手不能搂抱、摔跤、擒拿、散打、顶牛等。

有位老先生常年在公园教拳，口碑很好。一天，有位后生到公园找到这位老先生要求推手，老先生一再推脱，后生纠缠不止，无奈之下，老先生只有迎战。几个回合后，后生突然下蹲，用右手向老先生腰间插去，抱住就摔，说时迟，那时快，老先生右手变拳朝后生劈脸打去。后生眼前金花四射，倒退几步，坐在地上。后生站起后质问："推手怎么用拳打脸？"老先生笑答："推手就是推手，怎么抱腰摔？"后生自认占理，怒斥道："那你推手要遇到摔跤的就不推了？"老先生的几位学生指着这位后生说道："对！今天先生推手遇到摔跤的了，而你摔跤的也遇到拳击的了。"后生见状，只能无趣地捂着自己红肿的脸打道回府。这件事颇值得大家深思。

目前，有些太极拳推手大赛所制定的比赛规则恰恰就是这样，融推、抱、摔、顶、擒、打等于一体，不分推手形式。更有甚者，利用一些权威机构的名义办太极拳推手培训班，教授的太极拳推手手法不分四正还是四隅，步法不分定步还是活步，更不用说用"川字步"还是"米字步"了。如果太极拳推手比赛对手法没要求，步法随便，这样的比赛形式可谓"丰富多彩"。试想，举办一场田径运动大赛，把跳高的和跳远的弄到一起比赛，那种场面想象一下就觉得可笑。而有些太极拳推手大赛恰恰就制定出这样的规则，这样不但起不到推广太极拳推手的作用，还会使谬种流传，让人无言以对。

为使杨式太极拳推手能够健康发展，继而得以普及和推广，在正确认识和了解杨式太极拳推手的基础上，制定出切实可行的比赛规则势在必行。

第三章

杨式太极拳推手段位技法图解

杨式太极拳推手一段教学内容简介

名称	内容
课程名称	杨式太极拳推手一段教学
教学课时	4 课时。
教学目标	1. 让学员初步掌握杨式太极拳和国家武术协会规定的武术礼仪。 2. 让学员掌握杨式太极拳推手礼仪的基础知识。 3. 让学员熟练掌握杨式太极拳定步四正推手的基本手法。 4. 让学员熟练掌握杨式太极拳定步四正推手的基本步法。
教学内容	1. 杨式太极拳武术礼仪：主要讲解杨式太极拳鞠躬礼、抱拳礼、抱拳鞠躬礼和国家武术协会规定的武术礼仪。 2. 杨式太极拳定步推手武术礼仪：详细讲解杨式太极拳定步推手的礼仪。 3. 杨式太极拳定步四正推手的基本手法：详细讲解“掤、攦、挤、按”四个动作的具体做法。 4. 杨式太极拳定步四正推手的基本步法：详细讲解杨式太极拳推手的步型和步法。
教学重点	重点讲解杨式太极拳推手的武术礼仪；杨式太极拳四正推手的基本手法、步法和步型。
授课方式	以 PPT 课件为主要形式，教师现场详解 PPT 课件内容，现场示范与指导学生的动作。
授课进度	分两部分。
教学步骤	第一部分讲解杨式太极拳的武术礼仪和杨式太极拳定步推手的武术礼仪；第二部分讲解杨式太极拳定步四正推手的基本手法和基本步法。
课堂小结	按预期教学计划完成教学，并且留下一定时间让学生提问并解答学生提出的问题。总结这节课的主要内容。
复习要点	1. 练习杨式太极拳鞠躬礼、抱拳礼、抱拳鞠躬礼和国家武术协会规定的武术礼仪。 2. 熟练掌握杨式太极拳定步四正推手的基本手法、步法和步型。

第一节　杨式太极拳推手一段技法图解

一、杨式太极拳的基本礼仪

传统的杨式太极拳武术礼仪划分很详细，主要包括迎来送往方面的，散手、推手对练方面的，器械对练方面的和散手、推手、器械比赛方面的。

国家武术协会规定的武术礼仪主要有徒手方面的和持械方面的。

太极拳推手大赛使用杨式太极拳传统武术礼仪还是使用国家武术协会规定的武术礼仪，由大赛组委会指定。

本节武术礼仪主要介绍涉及推手方面的有关武术礼仪。

1. 鞠躬礼

动作：两脚尖自然朝前，两脚距离与肩同宽，为开立步；两手自然下垂，掌心贴于两胯外侧；头宜正直，面带笑容；立身中正，含胸拔背；身体各部位力求自然、舒适为度；头随上体向前俯15°，眼向下视（图 1–1、图 1–2、附图 1–2）。

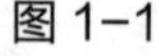

图 1–1

图 1–2

附图 1–2

2. 抱拳礼

动作一：两脚尖自然朝前，两脚距离与肩同宽，为开立步；两手自然下垂，掌心贴于两胯外侧；头宜正直，面带笑容；立身中正，含胸拔背；眼神顾及对方（图 1–3）。

图 1–3

动作二：两臂自身体两侧抬起约35°；左手四指并拢，拇指弯曲内扣，掌型呈瓦垄状；右手四指弯曲贴于掌心，拇指弯曲扣压中指，成拳型；两手同时向胸前合抱，左掌在上，右拳在下，左掌心贴于右拳面，四指弯曲按住右拳背，拳眼向内，拳心向下，高与肩平；眼神顾及对方（图1–4、图1–5、附图1–5）。

图 1–4

图 1–5

附图 1–5

3．抱拳鞠躬礼

动作一：两脚尖自然朝前，两脚距离与肩同宽，为开立步；两手自然下垂，掌心贴于两胯外侧；头宜正直，面带笑容；立身中正，含胸拔背；眼神顾及对方（图1–6）。

图 1–6

动作二：两臂自身体两侧抬起约 35°；左手四指并拢，拇指弯曲内扣，掌型呈瓦垄状；右手四指弯曲贴于掌心，拇指弯曲扣压中指，成拳型；两手同时向胸前合抱，左掌在上，右拳在下，左掌心贴于右拳面，四指弯曲按住右拳背，拳眼向内，拳心向下，高与肩平；头随上体向前俯 15°；眼视抱拳，眼神顾及对方双脚（图 1–7、图 1–8、附图 1–8、图 1–9、附图 1–9）。

图 1–7

图 1-8　　附图 1-8　　图 1-9　　附图 1-9

要领：

（1）杨式太极拳传统练拳或推手预备势站姿要使用开立步自然站立，散手对练或推手时，双方相互行礼时也要使用开立步，忌两脚并拢，或一脚前一脚后。

（2）杨式太极拳推手站姿要求头宜正直，面带笑容，上身自然挺拔，心情愉悦，精神抖擞，忌凝眉瞪眼，龇牙裂嘴，身体歪斜等。

（3）杨式太极拳抱拳礼要求右手为拳，象征五湖；左手四指并拢，象征四海；左手拇指向内扣，象征一家亲；两手合，象征五湖四海一家亲；左掌包右拳，象征团结、和谐。同时，左为上，指对方；右为下，指自己。左掌包右拳就是说请对方对自己多多包涵。

（4）杨式太极拳在平时散手对练或推手训练时，学生要给老师或长辈行抱拳鞠躬礼，老师或长辈只对学生行抱拳礼（图1-10）。在比赛场上，不分师生辈次，为表示公平竞争，双方都要行抱拳鞠躬礼。

图 1-10

4. 国家武术协会规定的抱拳礼

动作一：两脚并步站立；两手自然下垂，掌心贴于两胯外侧；头宜正直；挺胸收腹，身体挺拔；眼向前平视（图 1–11）。

图 1–11

动作二：左脚向前上一步，同时，两臂自身体两侧向上抬起约 35°；头宜正直；挺胸收腹，身体挺拔；眼向前平视（图 1–12）。

图 1–12

动作三：右脚向前跟一步，与左脚并拢站立；同时，左手向胸前弧形抱起，左手随向前抱随四指并拢伸直成掌，拇指向内弯曲，掌心向右下侧，指尖朝右上侧，高与肩平；右手同时也随向胸前弧形抱随由掌变拳，拳面贴于左掌，拳眼向内；头宜正直；挺胸收腹，身体挺拔；眼向前平视（图 1–13、附图 1–13）。

图 1–13　　附图 1–13

要领：两手相抱于胸前时，两臂成圆形，肘尖略下垂，拳掌与胸相距 20～30 cm。头宜正直；挺胸收腹，身体挺拔；目视受礼者，面部表情自然端庄，举止大方。

二、杨式太极拳定步推手的礼仪

1. 定步推手前礼仪

动作一：甲、乙（以图 1–14 为例，居左者为甲，深色脚印；居右者为乙，浅色脚印。其后的讲述中不再一一标注）双方对面站到田字格区域外，以开立步站立；两手自然下垂，掌心贴于两胯外侧；头宜正直，面带笑容；立身中正，含胸拔背；眼神顾及对方（图 1–14、附图 1–14）。

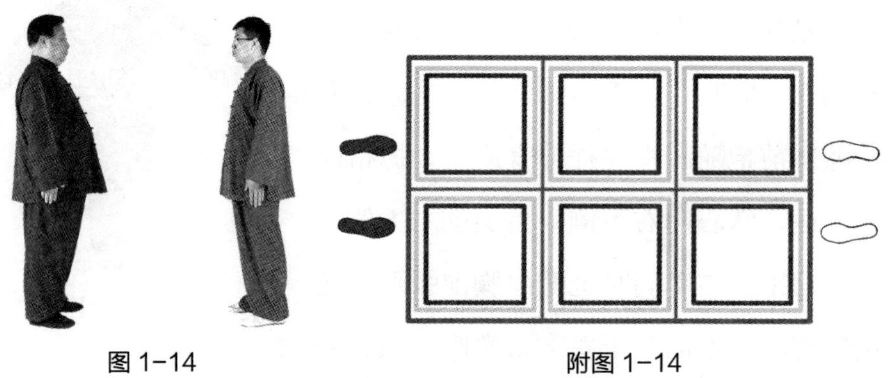

图 1–14　　附图 1–14

动作二：甲、乙双方各以左脚向前上一步迈进各自的田字格，同时，两臂自身体两侧向上抬起，与身体夹角约35°；头宜正直，面带笑容；身体中正安舒，含胸拔背；眼神顾及对方（图1–15、附图1–15）。

图 1–15　　附图 1–15

动作三：甲、乙双方各以右脚向前跟一步，与左脚成开立步站立；同时，左手向胸前弧形抱起，左手随向胸前抱随四指并拢伸直成掌，拇指向内弯曲，掌心向右下侧，指尖朝右上侧，高与肩平；右手同时也随向胸前弧形抱随由掌变拳，拳面贴于左掌心，随即左掌四指弯曲按住右拳背，拳眼向内；头宜正直；立身中正，含胸拔背；眼神顾及对方（图1−16）。

图 1−16

动作四：甲、乙双方抱拳，随即头随上体向前俯 15°；眼视各自的抱拳，眼神顾及对方双脚（图 1−17）。

图 1−17

动作五：甲、乙双方抱拳；抬头直腰，随即两手变掌弧形落于两胯旁，立身中正，含胸拔背；眼神顾及对方（图1−18、图1−19、图1−20）。

图 1−18

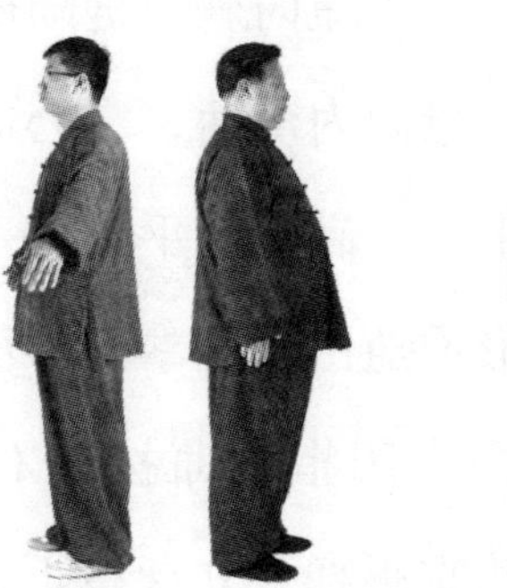

图 1−19

图 1−20

2. 定步推手完毕礼仪

动作一：甲、乙双方以开立步对面站立在各自的田字格区域内；两手自然下垂，掌心贴于两胯外侧；头宜正直，面带笑容；立身中正，含胸拔背；眼神顾及对方（图 1－21、附图 1－21）。

图 1–21　　附图 1–21

图 1–22

动作二：甲、乙双方同时将两臂由身体两侧向上抬起，与身体夹角约35°；头宜正直，面带笑容；身体中正安舒，含胸拔背；眼神顾及对方（图1－22）。

动作三：甲、乙双方左手向胸前弧形抱起，左手随向胸前抱随四指并拢伸直成掌，拇指向内弯曲，掌心向右下侧，指尖朝右上侧，高与肩平；右手同时也随向胸前弧形抱随由掌变拳，拳面贴于左掌心，随即左掌四指弯曲按住右拳背，拳眼向内；头宜正直；立身中正，含胸拔背；眼神顾及对方（图1－23）。

图 1–23

动作四：甲、乙双方抱拳，随即头随上体向前俯 15°；眼视各自的抱拳，眼神顾及对方双脚（图 1–24）。

动作五：甲、乙双方抱拳；抬头直腰，立身中正，含胸拔背；眼神顾及对方（图 1–25）。

图 1–24　　图 1–25

动作六：甲、乙双方各自由拳变掌向左右两侧弧形分开，同时，右脚先向后撤一步，随即左脚向后撤与右脚齐，成开立步；两手落于两胯旁，立身中正，含胸拔背；眼神顾及对方（图 1–26、附图 1–26、图 1–27、附图 1–27）。

图 1–26　　附图 1–26

图 1–27　　附图 1–27

在练习过程中，需要注意以下几点：①站到田字格预备区域内就视同进入推手预备状态，一举一动都要符合杨式太极拳推手要领。尤其是站立时要用“开立步”，杨式太极拳传统套路或推手的“预备势”都要用“开立步”，因为“开立步”间距是人裆的自然距离，为“无极势”，其含义是以无极生太极。如大赛组委会另行指定礼仪规则，应按组委会的规则执行。②杨式太极拳推手要求双方面带笑容，面带笑容是杨式太极拳推手的一种重要礼仪，表示相互尊重、相互包容。双方要面带笑容，自然端庄，举止大方，各自以“开立步”站立在推手区域，然后再行抱拳鞠躬礼。③杨式太极拳推手完毕，要求双方面带笑容，相互行抱拳鞠躬礼，表示对对方的承让表示谢意。然后各自向后各撤一步。撤步时，双方先撤右脚，再撤左脚，表示相互佩服对方推手的技术和相互尊重等内涵。④在比赛场上，双方要先面对裁判席，同时行抱拳礼，然后，双方对面而立，再向对方行抱拳鞠躬礼。

三、杨式太极拳定步四正推手的基本手法

1. 掤[①]法

甲、乙双方面带笑容，相互以右手腕背部相搭，各含掤劲，双方相互以左手按住对方的右肘（图 1–28、附图 1–28）。

图 1–28

附图 1–28

2. 按[②]法

乙两臂内旋，左掌按住甲的右肘，右掌按住甲的右腕，两掌一起向甲的胸前按，乙为按（图 1–29、附图 1–29）。

---

①掤（bīng）：箭筒的盖子。箭放到箭筒中，人在奔跑或骑马时防止箭从筒中窜出而在箭筒上加的盖子为“掤”。而在太极拳推手中，双方搭手防止对方将挤或按进来时，在既不硬顶对方又不让对方进身的这种劲称为“掤”（pěng）。“掤”在杨式太极拳套路中是一个动作。在杨式太极拳四正推手中称其为搭手，或接手。在正常推手运动过程中，“掤”只是太极拳推手中特有的一种劲道，而不是一个独立的招式。“掤”在太极拳中不读bīng而读pěng，这已成为太极拳文化中特有的一种文化现象。

②按：在陈式太极拳老拳谱中使用的是“捺”字，“按”“捺”两字字义相同，现在在太极拳中一般使用“按”字。“按”在太极拳中的动作从外形看接近于“推”，为什么在太极拳中用“按”“捺”而不用“推”呢？这是因为“推”是直劲、硬劲，不符合太极拳原理。“按”“捺”是内劲，比如：按门铃，不能说推门铃。“按”用的是内劲，“推”用的是外力。再如：把图钉按到墙上，不能说把图钉推到墙上。“按”使用的是柔劲、内劲，劲路不是简单生硬的，同时对对方有抑制之义。而“推”使用的是硬劲、外力，劲路是单一生硬的，是直线。

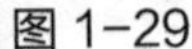

图 1-29

附图 1-29

3.搌[①]法

甲承乙按势，以左手腕黏接住乙左手腕，以右手向下盘缠于乙左肘部向左转腰，甲为搌（图 1-30、附图 1-30）。

图 1-30

附图 1-30

---

① 搌：在陈式太极拳老拳谱中使用的是“缕”字，也有用“搂”字代替的。后来杨禄禅为了能用字来说明这个动作的内涵，就自创了“搌”字。履本意是指鞋子，引申为践踩、履进。“搌”的内涵是用手拿对方的臂，用足踩蹬地，使手足合力将对方撅出。“搌”内含牵引、拿、撅等劲，已经成为太极拳文化中不可缺少，也是无字可以代替的一个独特的太极拳文化现象，这也是杨禄禅对太极拳文化的一个重大贡献。

4. 挤[①]法

乙承甲搬势，以右掌按于左臂内侧，以两臂向甲胸部合力，乙为挤（图 1-31、附图 1-31）。

图 1-31

附图 1-31

5. 杨式太极拳推手

杨式太极拳推手分阴手和阳手，具体做法和要求会在杨式太极拳推手四段技法图解中讲解。

在杨式太极拳和杨式太极拳推手中的“撅拿”“引拿”“拿得起”等词语中的“拿”字，不是指平常抓拿的意思，而是指用手法和劲道在不握、不抓的情况下控制住对方。“拿”也是太极拳中的一种文化现象。

杨式太极拳定步四正推手由“掤、搬、挤、按”四正手法组成，其中“掤”为劲，“搬、挤、按”为招。“掤”劲始终贯穿于“搬、挤、按”三个招式之中。

---

①挤：是指互相推、拥，用身体排开人或物之意。挤指的是杨式太极拳和杨式太极拳推手中的一个动作，是一手按住另一手的脉门向前拥。挤劲多变，为内劲；推或拥劲单一，为外力，所以太极拳用“挤”。

四、杨式太极拳定步四正推手的基本步法

1. 田字格

定步四正推手的步型是田字步。所谓田字步，就是指两脚踏在一个田字格里。甲 1、甲 2、甲 3、甲 4 为一个田字；乙 1、乙 2、乙 3、乙 4 为一个田字（图 1–32）。

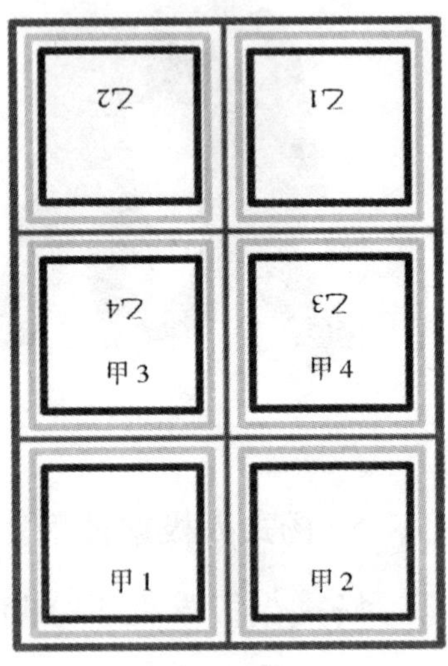

图 1–32

2. 步型

杨式太极拳定步四正推手的步型是田字步。田字步又分合步和顺步（也称套步）两种。①合步分为左合步（图 1–33）和右合步（图1–34）两种步型。②顺步分为甲右脚、乙左脚（图1–35）和甲左脚、乙右脚（图1–36）两种步型。

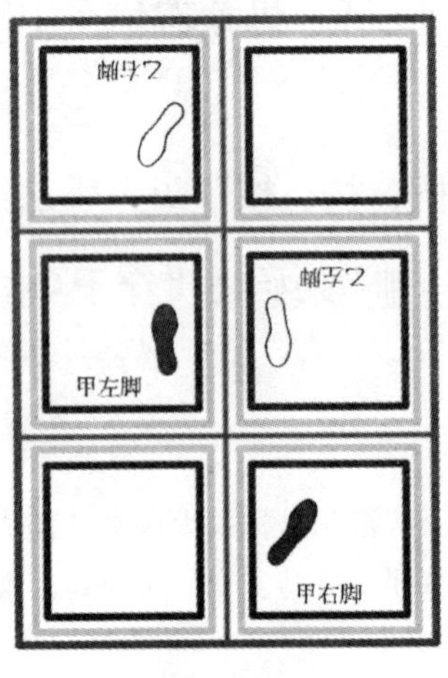

图 1–33

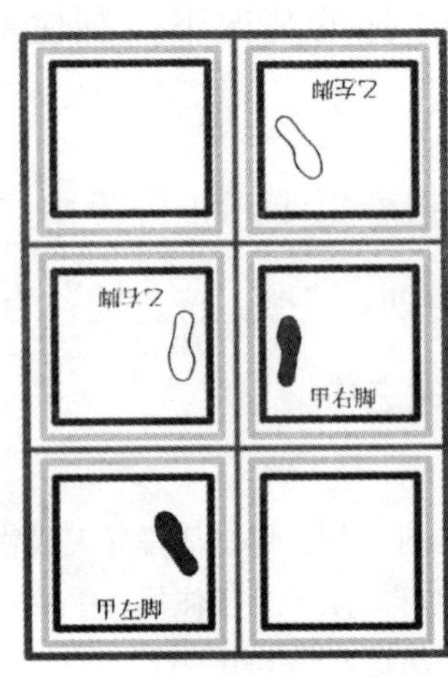

图 1–34

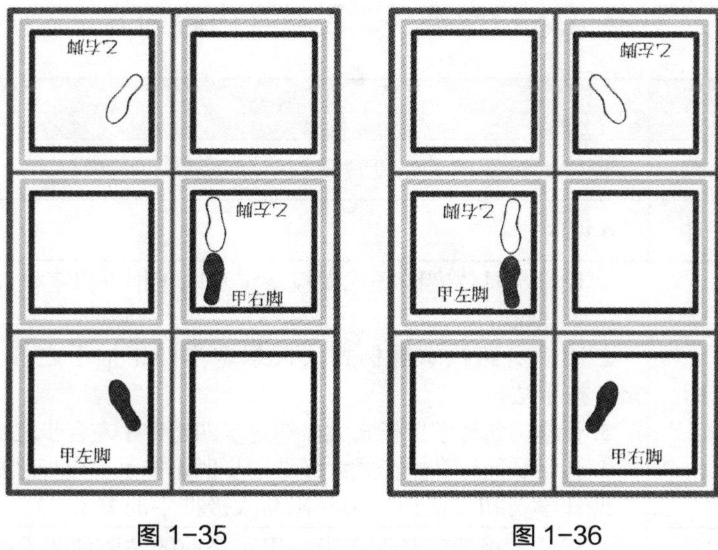

图 1-35　　　　图 1-36

3. 步法

定步四正推手的步法有定步、碾步和挫步三种。本书只对定步进行讲解，有关碾步和挫步将在其他推手教材中讲解。

思考题

1. 杨式太极拳定步推手有几种礼仪？
2. 杨式太极拳定步推手的礼仪各在什么场合使用？
3. 杨式太极拳定步四正推手有几种基本手法？
4. 杨式太极拳定步四正推手基本手法的名称是什么？
5. 杨式太极拳定步四正推手有几种基本招法？
6. 杨式太极拳定步四正推手基本招法的名称是什么？
7. 杨式太极拳定步四正推手有几种基本步型？
8. 简述杨式太极拳推手攦与捋、挤与挪、按与推的区别。
9. 简述杨式太极拳和杨式太极拳推手中“拿”字的含义。

杨式太极拳推手二段教学内容简介

名称	内容
课程名称	杨式太极拳推手二段教学
教学课时	4 课时。
教学目标	1. 让学员具体实践杨式太极拳定步四正推手田字格前的站姿和武术礼仪。 2.让学员熟练掌握杨式太极拳定步四正推手之掤、攌、挤、按手法。 3. 让学员熟练掌握杨式太极拳定步四正推手左合步之步法。 4. 让学员熟练掌握杨式太极拳定步四正推手右合步之步法。 5. 让学员初步认识一阴一阳与太极推手的关系。
教学内容	1. 杨式太极拳定步四正推手田字格前的站姿和武术礼仪：主要讲解杨式太极拳定步四正推手田字格前的站位、站姿，如何进田字格和相互行礼。 2. 杨式太极拳定步四正合步推手步法：详细讲解杨式太极拳定步四正推手左合步和右合步。 3. 杨式太极拳定步四正合步推手手法：详细讲解杨式太极拳定步四正推手中“掤、攌、挤、按”四个动作的具体做法。 4. 初步认识一阴一阳与太极推手的关系。
教学重点	重点讲解杨式太极拳定步四正推手的站位、站姿，如何进田字格和相互行礼。杨式太极拳定步四正推手的基本手法和步法。
授课方式	以教师现场教练的方式进行授课。
授课进度	分三部分。
教学步骤	第一部分讲解杨式太极拳定步四正推手的站位、站姿，如何进田字格和相互行礼；第二部分讲解杨式太极拳定步四正左合步推手的手法和步法；第三部分讲解杨式太极拳定步四正右合步推手的手法和步法。
课堂小结	按预期教学计划完成教学，并且留下一定时间让学生提问并解答学生提出的问题。总结这节课的主要内容。
复习要点	1. 练习杨式太极拳定步四正推手田字格的站位、站姿，如何进田字格和相互行礼。 2. 熟练掌握杨式太极拳定步四正左、右合步推手的手法和步法。

第二节　杨式太极拳推手二段技法图解

一、定步合步推手　左合步定步推手（甲左脚、乙左脚）

设甲手势逆时针方向旋转，乙手势顺时针方向旋转。

动作一：甲、乙双方相对站立在田字格前面，两脚尖自然朝前，两脚距离与肩同宽，为开立步；两手自然下垂，掌心贴于两胯外侧；头宜正直，面带笑容；立身中正，含胸拔背；眼神顾及对方（图 2–1、附图 2–1）。

图 2–1　　附图 2–1

动作二：甲、乙双方各以左脚向前上一步，迈进各自的田字格，同时，两臂自身体两侧向上抬起，与身体夹角约35°；头宜正直，面带笑容；身体中正安舒，含胸拔背；眼神顾及对方（图2–2、附图2–2）。

图 2–2　　附图 2–2

动作三：甲、乙双方各以右脚向前跟一步，与左脚成开立步站立；同时，左手向胸前弧形抱起，左手随向胸前抱随四指并拢伸直成掌，拇指向内弯曲，掌心向右下侧，指尖朝右上侧，高与肩平；右手同时也随向胸前弧形抱随由掌变拳，拳面贴于左掌心，随即左掌四指弯曲按住右拳背，拳眼向内；头宜正直；立身中正，含胸拔背；眼神顾及对方（图2–3、附图2–3）。

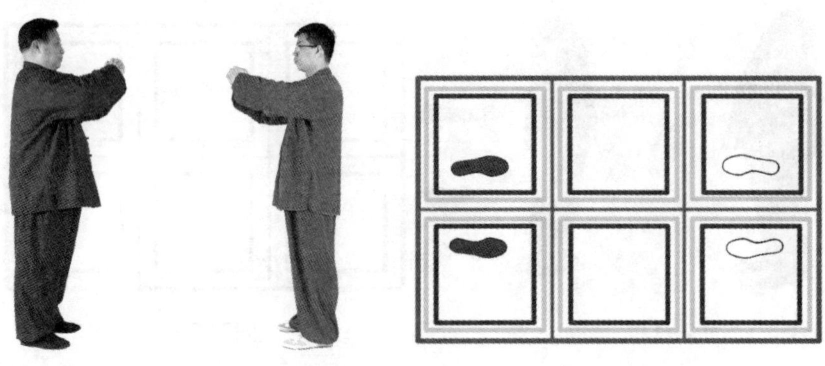

图 2–3　　附图 2–3

动作四：甲、乙双方抱拳，随即头随上体向前俯 15°；眼视抱拳，眼神顾及对方双脚（图 2–4）。

图 2–4

动作五：甲、乙双方抱拳；抬头直腰，随即两手变掌弧形落于两胯旁；立身中正，含胸拔背；眼神顾及对方（图 2–5、图 2–6、图 2–7）。

图 2–5

图 2–6

动作六：甲右脚尖向右撇 45°，左脚向前迈一步；同时，乙右脚尖向右撇 45°，左脚向前迈一步。甲、乙双方左脚相合，甲、乙两左脚中间约一横脚距离；甲、乙两人相互以右手腕背部相搭，各含掤劲；双方相互以左手按住对方的右肘，成为右手腕相交的

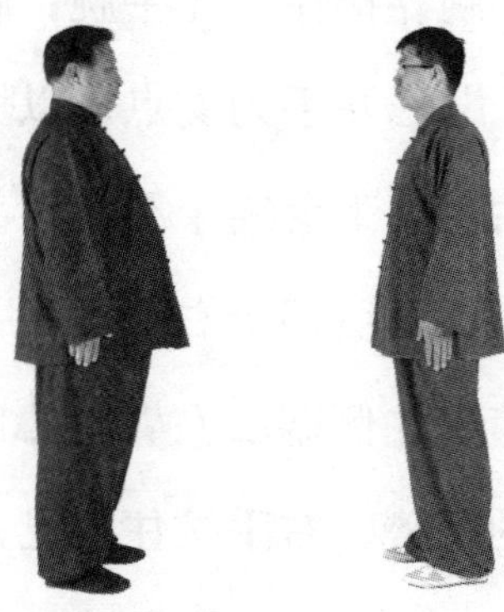

图 2–7

甲左脚、乙左脚合步定步双推手（图 2–8、附图 2–8）。

图 2–8

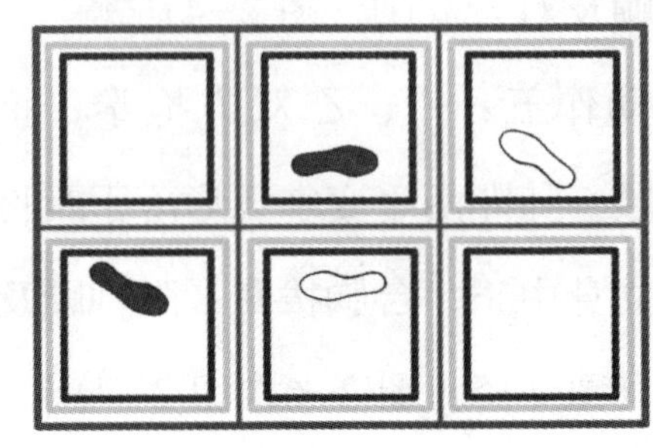
附图 2–8

动作七：设甲逆时针方向转，乙顺时针方向转。乙两臂内旋，左掌按住甲的右肘，右掌按住甲的右腕，两掌一起向甲的胸前按；同时，弓左腿，蹬右腿，成左弓步。甲以右臂掤住乙的按势，重心后移；同时，腰开始顺势右转（图2–9）。

图 2–9

动作八：甲承乙按势右臂内旋，以左手腕黏接住乙左手腕；腰微右转；同时，以乙左手为支点，以甲右肘为轴，使右手向下盘缠于乙左肘部，随即腰左转，重心后移于右腿，两手随转腰臂内旋随向左侧搬乙左臂。乙以左臂掤住甲方的搬势，右手按住自己左小臂内侧；同时，腰顺势向前右转（图 2–10）。

图 2–10

动作九：乙承甲搌势左臂外旋；腰微右转；右掌按于左臂内侧向甲胸部挤出；同时，弓左腿，蹬右腿，成左弓步；甲随乙挤势腰开始右转（图 2–11）。

图 2–11

动作十：甲承乙挤势两臂内旋；腰右转，使身体与乙正对面；甲左掌按住乙的左腕，右掌按住乙的左肘，两掌一起向乙的胸前按；同时，弓左腿，蹬右腿，成左弓步。乙以左臂掤住甲方的按势，重心后移坐于右腿；同时，腰顺势开始左转（图 2–12）。

图 2–12

动作十一：乙承甲按势左臂内旋，以右手腕接住甲右手腕；腰微左转；同时，以甲左手为支点，以乙左肘为轴，使左手向下盘缠于甲右肘部，随即腰右转，重心后移于右腿，两手随转腰随向右侧搌甲右臂。甲以右臂掤住乙的搌势，左手按住自己右小臂内侧；同时，腰顺势左转（图 2–13）。

图 2–13

动作十二：甲承乙搌势右臂外旋；腰微左转；左掌按于右臂内侧向乙胸部挤去（图 2–14）。

然后，乙随即转为按；甲又复以右臂掤接，如此循环互推。

图 2-14

推手完毕：

动作一：甲、乙双方各自将左脚收回与右脚齐，成开立步对面站立；两手自然下垂，掌心贴于两胯外侧；头宜正直，面带笑容；立身中正，含胸拔背；眼神顾及对方（图2-15、附图2-15）。

图 2-15

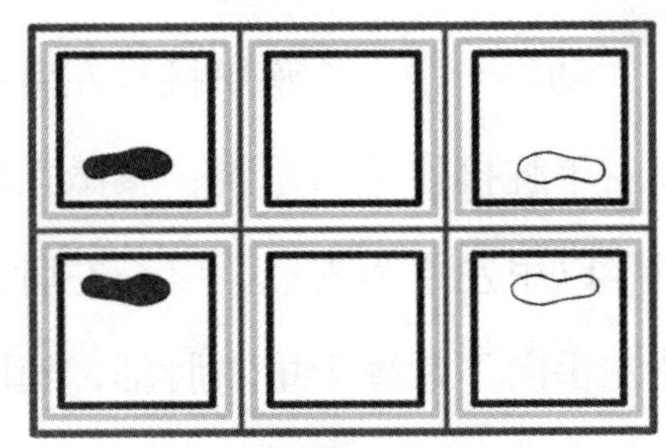

附图 2-15

动作二：甲、乙双方同时将两臂由身体两侧向上抬起，与身体夹角约35°；头宜正直，面带笑容；身体中正安舒，含胸拔背；眼神顾及对方（图2-16）。

图 2-16

动作三：甲、乙双方左手向胸前弧

形抱起，四指并拢伸直成掌，拇指向内弯曲，掌心向右下侧，指尖朝右上侧，高与肩平；右手同时也随向胸前弧形抱随由掌变拳，拳面贴于左掌心，随即左掌四指弯曲按住右拳背，拳眼向内；头宜正直；立身中正，含胸拔背；眼神顾及对方（图2–17）。

图 2–17

动作四：甲、乙双方抱拳，随即头随上体向前俯 15°；眼视抱拳，眼神顾及对方双脚（图 2–18）。

图 2–18

动作五：甲、乙双方抱拳；抬头直腰，立身中正，含胸拔背；眼神顾及对方（图 2–19）。

图 2–19

动作六：甲、乙双方抱拳，右脚先向后撤一步退出田字格，随即左脚向后撤与右脚齐，成开立步；两手变掌弧形落于两胯旁；立身中正，含胸拔背；眼神顾及对方（图2–20、附图2–20、图2–21、附图2–21）。

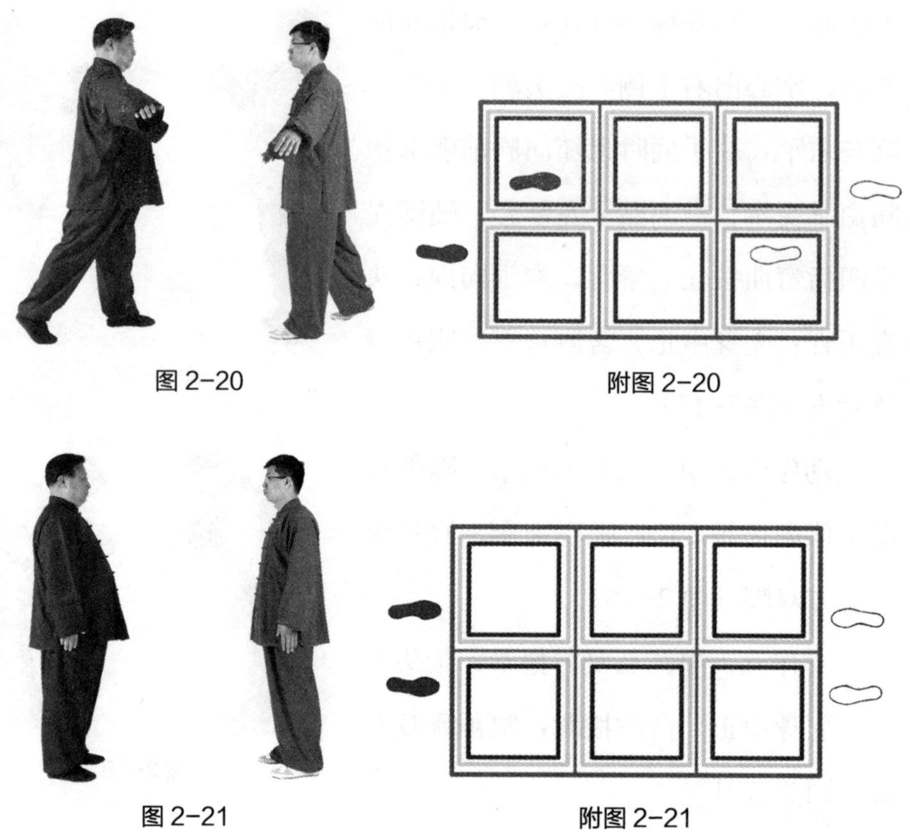

图 2-20　　附图 2-20

图 2-21　　附图 2-21

要领：

1. 甲、乙在田字格前对面而立，进田字格的同时相互行礼。

2. 以上为左合步。甲左脚在前，手势逆时针方向旋转，为被，被为阴；乙左脚在前，手势顺时针方向转，为顺，顺为阳。一阴一阳调之太极，故称太极推手。在推手练习时，要注意随时调整顺逆的旋转，即调整阴阳之手，不要一直朝一个方向转，使阴手、阳手练得既熟练又活泼，在应用时方可得心应手。

3. 杨式太极拳四正推手四法为“掤、攦、挤、按”，在推手过程中只许用掤、攌、挤、按四手法，不得用采、挒、肘、靠，不准擒拿或反关节，更不能出现搂抱、摔打等现象。

4. 杨式太极拳分四正推手和四隅推手，不能混淆。四正推手的手法为“掤、攌、挤、按”，四隅推手的手法为“采、挒、肘、靠”。“采、挒”要与“攌”分清楚。两掌合力牵引含撅为“攌”，不能用手抓或握对方，如抓或握住对方就不是“攌”之手法，而变为杨式太极拳四隅推手中的“采”或“挒”。所以在“掤、攌、挤、按”四正推手时严禁出现抓、握等现象。如果出现抓、握现象，就会出现撕拽、顶牛等情况。

5. 在推手过程中，攌、挤、按要旋转自如，力求无断续处，如换劲尽可能不出现顶劲或停顿。如出现顶劲或停顿现象，时间不得超过 2 秒钟。打轮向一个方向不得超过 5 圈。

二、定步合步推手　右合步定步推手（甲右脚、乙右脚）

动作一：甲、乙双方相对站立在田字格前面，要求两脚尖自然朝前，两脚距离与肩同宽，为开立步；两手自然下垂，掌心贴于两胯外侧；头宜正直，面带笑容；立身中正，含胸拔背；眼神顾及对方（图 2–22、附图 2–22）。

图 2-22　　附图 2-22

动作二：甲、乙双方各以左脚向前上一步，迈进各自的田字格，同时，两臂自身体两侧向上抬起，与身体夹角约35°；头宜正直，面带笑容；身体中正安舒，含胸拔背；眼神顾及对方（图2—23、附图2—23）。

图 2-23　　附图 2-23

动作三：甲、乙双方各以右脚向前跟一步，与左脚成开立步站立；同时，左手向胸前弧形抱起，左手随向胸前抱随四指并拢伸直成掌，拇指向内弯曲，掌心向右下侧，指尖朝右上侧，高与肩平；右手同时也随向胸前弧形抱随由掌变拳，拳面贴于左掌心，随即左掌四指弯曲按住右拳背，拳眼向内；头宜正直；立身中正，含胸拔背；眼神顾及对方（图2–24、附图2–24）。

图 2–24

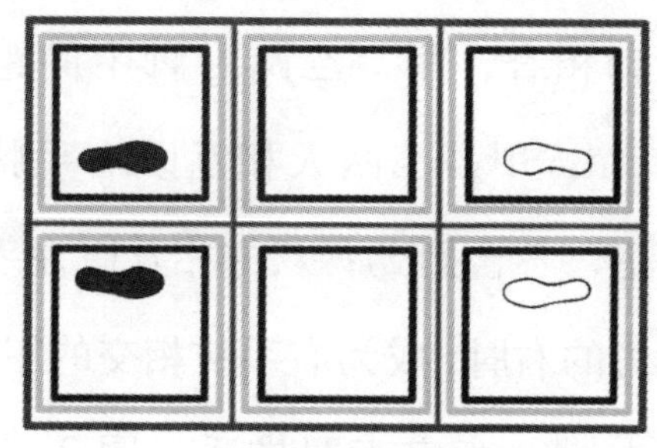
附图 2–24

动作四：甲、乙双方抱拳，随即头随上体向前俯 15°；眼视抱拳，眼神顾及对方双脚（图 2–25）。

图 2–25

动作五：甲、乙双方抱拳；抬头直腰，随即两手变掌弧形落于两胯旁，立身中正，含胸拔背；眼神顾及对方（图 2–26、图 2–27、图 2–28）。

图 2–26

图 2–27

动作六：甲左脚尖向左撇 45°，右脚向前迈一步；同时，乙左脚尖向左撇 45°，右脚向前迈一步。甲、乙双方右脚相合，甲、乙两右脚中间距离约 10 cm；甲、乙两人相互以右手腕背部相搭，各含掤劲；双方相互以左手按住对方的右肘，成为右手腕相交的甲左脚、乙左脚合步定步双推手（图 2–29、附图 2–29）。

图 2–28

图 2–29

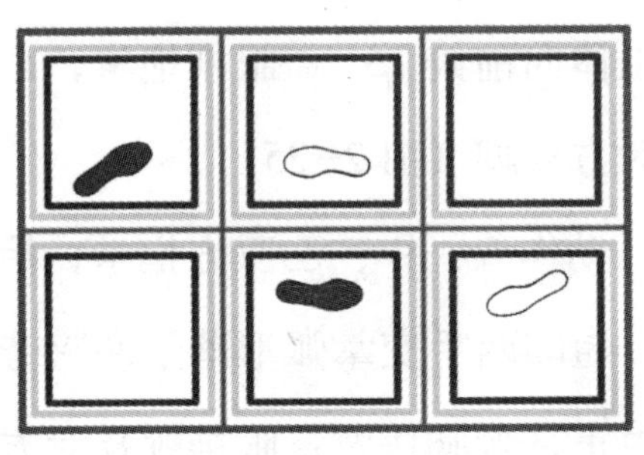

附图 2–29

动作七：乙两臂内旋，左掌按住甲的右肘，右掌按住甲的右腕，两掌一起向甲的胸前按；同时，弓右腿，蹬左腿，成右弓步。甲以右臂掤住乙方的按势，重心后移；同时，腰开始顺势右转（图 2–30）。

图 2–30

动作八：甲承乙按势右臂内旋，以

左手腕黏接住乙左手腕；腰微右转；同时，以乙左手为支点，以甲右肘为轴，使右手向下盘缠于乙左肘部，随即腰左转，重心后移于左腿，两手随转腰臂内旋，同时向左侧搌乙左臂。乙以左臂掤住甲方的搌势，右手按住自己左小臂内侧，同时，腰顺势向前右转（图 2–31）。

图 2–31

动作九：乙承甲搌势左臂外旋；腰微右转；右掌按于左臂内侧向甲胸部挤出；同时，弓右腿，蹬左腿，成右弓步；甲随乙挤势腰开始右转（图2–32）。

图 2–32

动作十：甲承乙挤势两臂内旋；腰右转，使身体与乙正对面；甲左掌按住乙的左腕，右掌按住乙的左肘，两掌一起向乙的胸前按；同时，弓右腿，蹬左腿，成右弓步。乙以左臂掤住甲方的按势，重心后移坐于左腿；同时，腰顺势开始左转（图 2–33）。

图 2–33

动作十一：乙承甲按势左臂内旋，以右手腕接住甲右手腕；腰微左转；同时，以甲左手为支点，以乙左肘为轴，使左手向下盘缠于甲右肘部，随即腰右转，重心后移于左腿，两手随转腰同时向右侧搌甲右臂。甲以右臂掤住乙的搌势，左手按住自己右小臂内侧，同时，腰顺势左转（图2–34）。

图 2–34

动作十二：甲承乙搌势右臂外旋；腰微左转；左掌按于右臂内侧向乙胸部挤去（图2–35）。

图 2–35

然后，乙随即转为按；甲又复以右臂掤接，如此循环互推。

推手完毕：

动作一：甲、乙双方各自将右脚收回，与左脚齐，成开立步对面站立；两手自然下垂，掌心贴于两胯外侧；头宜正直，面带笑容；立身中正，含胸拔背；眼神顾及对方（图 2–36、附图 2–36）。

图 2–36

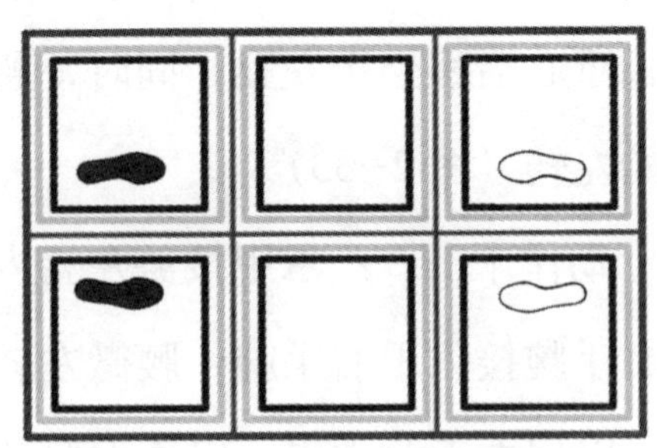
附图 2–36

动作二：甲、乙双方同时将两臂由身体两侧向上抬起约 35°；头宜正直，面带笑容；身体中正安舒，含胸拔背；眼神顾及对方（图 2–37）。

图 2–37

动作三：甲、乙双方左手向胸前弧形抱起，左手随向胸前抱随四指并拢伸直成掌，拇指向内弯曲，掌心向右下侧，指尖朝右上侧，高与肩平；右手同时也随向胸前弧形抱随由掌变拳，拳面贴于左掌心，随即左掌四指弯曲按住右拳背，拳眼向内；头宜正直；立身中正，含胸拔背；眼神顾及对方（图 2–38）。

图 2–38

动作四：甲、乙双方抱拳，随即头随上体向前俯 15°；眼视抱拳，眼神顾及对方双脚（图 2–39）。

动作五：甲、乙双方抱拳；抬头直腰，立身中正，含胸拔背；眼神顾及对方（图 2–40）。

图 2–39

图 2–40

动作六：甲、乙双方抱拳，右脚先向后撤一步，退出田字格，随即左脚向后撤，与右脚齐，成开立步；两手变掌弧形落于两胯旁，立身中正，含胸拔背；眼神顾及对方（图 2–41、附图 2–41、图 2–42、附图 2–42）。

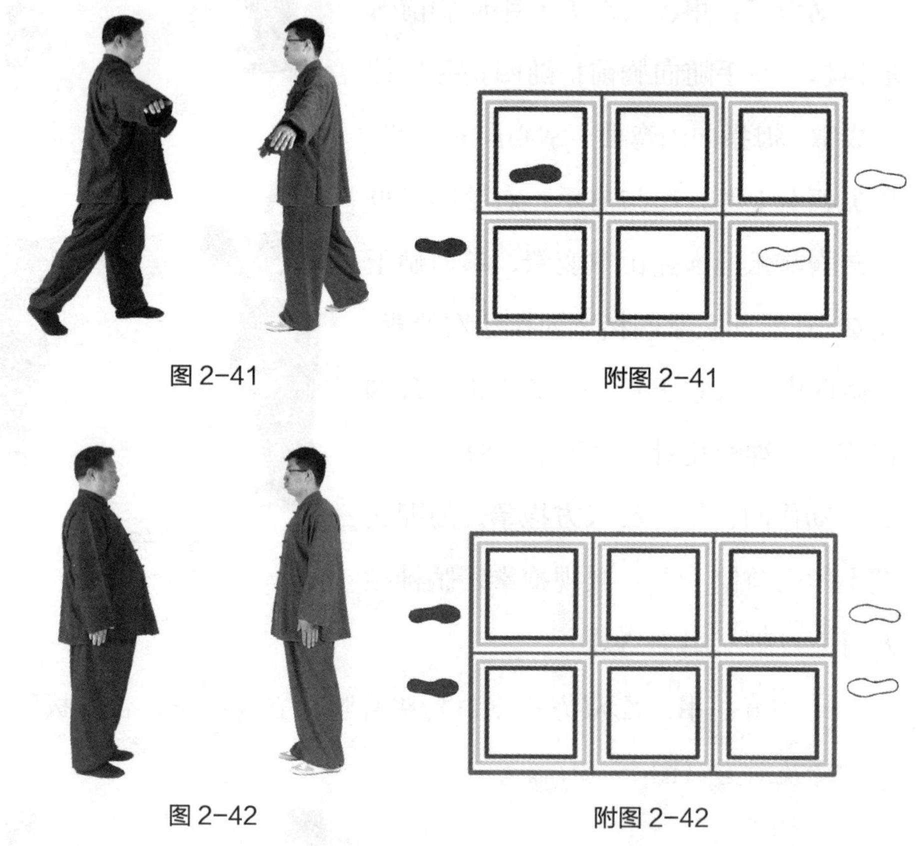

图 2–41　附图 2–41

图 2–42　附图 2–42

要领：

1. 甲、乙在田字格前相对而立，进田字格的同时相互行礼。

2. 以上为右合步。甲右脚在前，手势逆时针方向转，为顺，顺为阳；乙右脚在前，手势顺时针方向转，为被，被为阴。一阴一阳为太极，故称太极推手。在推手练习时，要注意随时调整阴阳手，不要一直朝一个方向旋转，使阴手、阳手练得既熟练又活泼，在应用时方可得心应手。

3.四正推手四手法为“掤、攦、挤、按”，在推手过程中只许用“掤、攦、挤、按”四手法，不得与“采、挒、肘、靠”四隅手法混淆。“掤、攦、挤、按”只许在黏住对方两臂的基础上使用，不能脱手使用。在推手时，不能用手接触对方两肋部、腰部、背部和肩关节以上部位。对方胸部、腹部可以用按、挤，但不能脱手。

思考题

1. 推手为什么叫太极推手，而不叫五行推手或八卦推手？
2. 在杨式太极拳四正定步左合步推手甲逆时针方向旋转时为被，为阴，而在右合步推手时，甲仍然是逆时针方向旋转，为什么为顺？为阳？
3. 简述杨式太极拳四正推手“攦”为什么不准抓或握。
4. 简述杨式太极拳四正推手严禁出现的几种现象，并说说为什么不能出现这几种现象。
5. 四正推手过程要求旋转自如，力求无断续处，如出现顶劲或停顿现象，时间不得超出几秒钟？打轮向一个方向不得超过几圈？
6. 简述杨式太极拳四正定步推手禁忌击打的部位。

杨式太极拳推手三段教学内容简介

名称	内容
课程名称	杨式太极拳推手三段教学
教学课时	4 课时。
教学目标	1. 让学员复习杨式太极拳推手一、二段教学内容。 2. 让学员熟练掌握杨式太极拳定步四正甲左脚、乙右脚顺步（套步）推手。 3. 让学员熟练掌握杨式太极拳定步四正甲右脚、乙左脚顺步（套步）推手。 4. 让学员初步认识阴阳相互转化与太极推手的关系。
教学内容	1. 复习杨式太极拳定步四正推手田字格前的站姿和武术礼仪：主要讲解杨式太极拳定步四正推手田字格前的站位、站姿、如何进田字格、如何相互行礼。 2. 杨式太极拳定步四正顺步（套步）推手步法：详细讲解杨式太极拳定步四正甲左脚、乙右脚和甲右脚、乙左脚顺步（套步）推手。 3. 复习杨式太极拳四正推手手法：详细讲解杨式太极拳顺步（套步）推手与四正“掤、攦、挤、按”四个动作的具体配合。 4. 让学员初步认识阴阳相互转换与太极推手的关系。
教学重点	重点讲解杨式太极拳四正定步顺步（套步）推手的手法和步法配合。
授课方式	教师现场授课和网络视频教学相结合。
授课进度	分三部分。
教学步骤	第一部分复习杨式太极拳定步四正推手的站位、站姿、如何进田字格、如何相互行礼；第二部分讲解杨式太极拳定步四正顺步（套步）甲左脚、乙右脚顺步（套步）推手的手法和步法；第三部分讲解杨式太极拳定步四正顺步（套步）甲右脚、乙左脚顺步（套步）推手的手法和步法。
课堂小结	按预期教学计划完成教学，并且留下一定时间让学生提问并解答学生提出的问题。总结这节课的主要内容。
复习要点	1. 练习杨式太极拳定步四正顺步（套步）甲左脚、乙右脚顺步（套步）推手的手法和步法。 2. 练习杨式太极拳定步四正顺步（套步）甲右脚、乙左脚顺步（套步）推手的手法和步法。

第三节　杨式太极拳推手三段技法图解

一、定步顺步推手　甲左脚、乙右脚顺步定步推手

设甲手势逆时针方向旋转，乙手势顺时针方向旋转。

动作一：甲、乙双方相对站立在田字格前面，要求两脚尖自然朝前，两脚距离与肩同宽，为开立步；两手自然下垂，掌心贴于两胯外侧；头宜正直，面带笑容；立身中正，含胸拔背；眼神顾及对方（图 3–1、附图 3–1）。

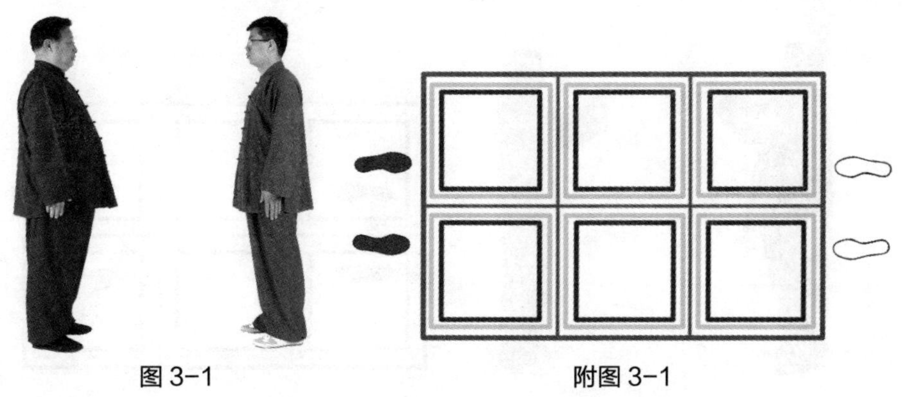

图 3–1　　附图 3–1

动作二：甲、乙双方各以左脚向前上一步，迈进各自的田字格，同时，两臂自身体两侧向上抬起，与身体夹角约35°；头宜正直，面带笑容；身体中正安舒，含胸拔背；眼神顾及对方（图3-2、附图3-2）。

图 3-2　　附图 3-2

动作三：甲、乙双方各以右脚向前跟一步，与左脚成开立步站立；同时，左手向胸前弧形抱起，左手随向胸前抱随四指并拢伸直成掌，拇指向内弯曲，掌心向右下侧，指尖朝右上侧，高与肩平；右手同时也随向胸前弧形抱随由掌变拳，拳面贴于左掌心，随即左掌四指弯曲按住右拳背，拳眼向内；头宜正直；立身中正，含胸拔背；眼神顾及对方（图3-3、附图3-3）。

图 3-3　　附图 3-3

动作四：甲、乙双方抱拳，随即头随上体向前俯 15°；眼视抱拳，眼神顾及对方双脚（图 3–4）。

图 3–4

动作五：甲、乙双方抱拳；抬头直腰，随即两手变掌弧形落于两胯旁，立身中正，含胸拔背；眼神顾及对方（图 3–5、图 3–6、图 3–7）。

图 3–5

图 3–6

动作六：甲右脚尖向右撇 45°，左脚向前迈一步；同时，乙左脚尖向左撇 45°，右脚向前迈一步。甲左脚、乙右脚顺步（套步），甲左乙右两脚中间相距约 2 cm；甲、乙两人相互以右手腕背部相搭，各含掤劲；双方相互以左手按住对方的右肘，成为右手腕相交的甲

图 3–7

左脚、乙右脚合步定步双推手（图 3–8、附图 3–8）。

图 3–8

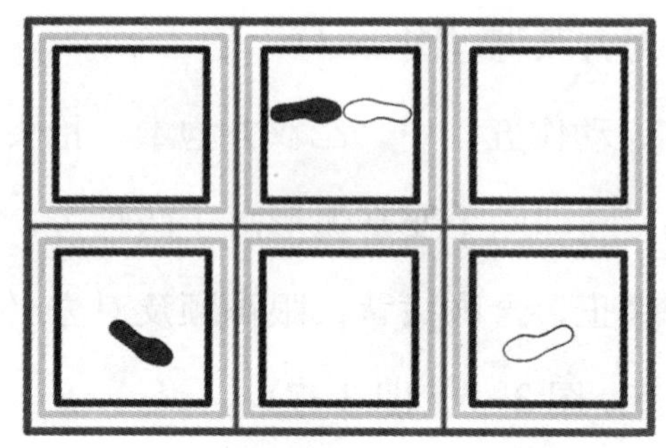

附图 3–8

动作七：乙两臂内旋，左掌按住甲的右肘，右掌按住甲的右腕，两掌一起向甲的胸前按；同时，弓右腿，蹬左腿，成右弓步。甲以右臂掤住乙的按势，重心后移；同时，腰开始顺势右转（图 3–9）。

图 3–9

动作八：甲承乙按势右臂内旋，以左手腕黏接住乙左手腕；腰微右转；同时，以乙左手为支点，以甲右肘为轴，使右手向下盘缠于乙左肘部，随即腰左转，重心后移于左腿，两手随转腰随向左侧搌乙左臂。乙以左臂掤住甲的搌势，右手按住自己左小臂内侧，同时，腰顺势右转（图 3–10）。

图 3–10

动作九：乙承甲攌势左臂外旋，腰微右转，右掌按于左臂内侧向甲胸部挤出；同时，弓右腿，蹬左腿，成右弓步；甲随乙挤势腰开始右转（图3–11）。

图 3–11

动作十：甲承乙挤势两臂内旋，腰右转，使身体与乙正对面；甲左掌按住乙的右腕，右掌按住乙的右肘，两掌一起向乙的胸前按；同时，弓左腿，蹬右腿，成左弓步。乙以右臂掤住甲的按势，重心后移坐于左腿；同时，腰顺势开始左转（图3–12）。

图 3–12

动作十一：乙承甲按势左臂内旋，以右手腕接住甲右手腕，腰微左转；同时，以甲左手为支点，乙左肘为轴，使左手向下盘缠于甲右肘部，随即腰右转，重心后移于左腿，两手随转腰随向右侧攌甲右臂。甲以右臂掤住乙的攌势，左手按住自己右小臂内侧，同时，腰顺势左转（图 3–13）。

图 3–13

动作十二：甲承乙攌势右臂外旋；腰微左转；左掌按于右臂内侧向乙胸部

挤去（图3−14）。

图 3−14

然后，乙即转为按；甲又复以右臂掤接，如此循环互推。

推手完毕：

动作一：甲将左脚收回与右脚齐，乙将右脚收回与左脚齐，双方均成开立步，对面站立；两手自然下垂，掌心贴于两胯外侧；头宜正直，面带笑容；立身中正，含胸拔背；眼神顾及对方（图3−15、附图3−15）。

图 3−15

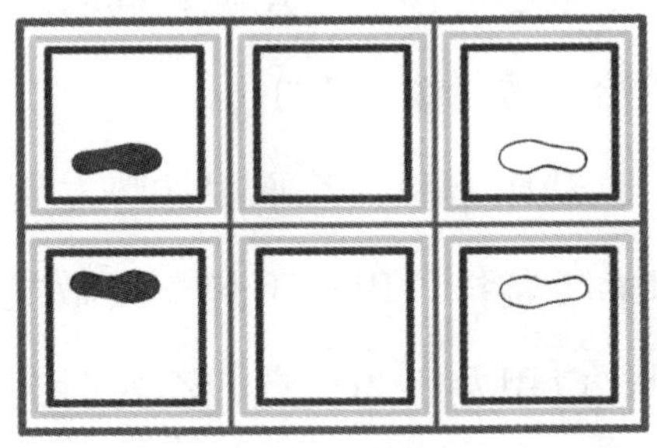
附图 3−15

动作二：甲、乙双方同时将两臂由身体两侧向上抬起，与身体夹角约35°；头宜正直，面带笑容；身体中正安舒，含胸拔背；眼神顾及对方（图3−16）。

图 3−16

动作三：甲、乙双方左手向胸前

弧形抱起，左手随向胸前抱随四指并拢伸直成掌，拇指向内弯曲，掌心向右下侧，指尖朝右上侧，高与肩平；右手同时也随向胸前弧形抱随由掌变拳，拳面贴于左掌心，随即左掌四指弯曲按住右拳背，拳眼向内；头宜正直；立身中正，含胸拔背；眼神顾及对方（图3–17）。

图 3–17

动作四：甲、乙双方抱拳，随即头随上体向前俯15°；眼视抱拳，眼神顾及对方双脚（图3–18）。

动作五：甲、乙双方抱拳；抬头直腰，立身中正，含胸拔背；眼神顾及对方（图3–19）。

图 3–18

图 3–19

动作六：甲、乙双方抱拳，右脚先向后撤一步，退出田字格，随即左脚向后撤，与右脚齐，成开立步；两手变掌弧形落于两胯旁，立身中正，含胸拔背；眼神顾及对方（图 3–20、附图 3–20、图 3–21、附图 3–21）。

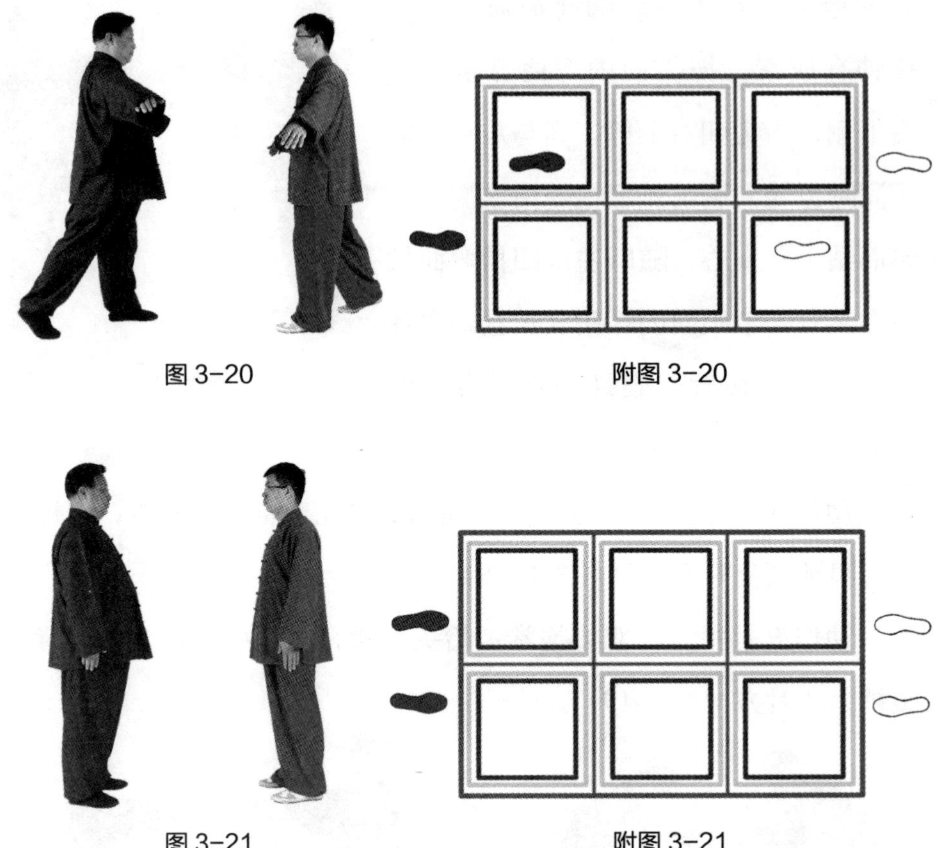

图 3-20　　附图 3-20

图 3-21　　附图 3-21

要领：

1. 甲、乙在田字格前相对而立，进田字格的同时相互行礼。

2. 三段为顺步（套步）定步推手，顺步（套步）定步推手分为甲左脚、乙右脚和甲右脚、乙左脚两种步法。甲左脚、乙右脚顺步定步推手，设甲左脚与乙右脚定步顺步推手。甲左脚在前，手势逆时针方向旋转，为被，被为阴；乙右脚在前，手势顺时针方向旋转，为被，也为阴。这种现象为重阴，重阴在阴阳学说中为阴阳相互转化。阴阳对立的双方，在一定条件下可以相互转化，阴可转化为阳，阳可转化为阴。如果说阴阳消长是一个量变的过程，至阴阳转化便是一个质变的过程。《阴阳应象大论》说，“重阴必阳，重阳必阴”，“寒极生热，热极生寒”，说明了阴阳转化必须在“重”“极”的内在条件具备时才能产生。《系辞》说：“阴阳合德，则柔有体。”阴与阳是对立的，但又是互相依存的，只有阴阳统一起来，才能推动事物的变化和发展，这样阴阳才能长期共存。在推手练习时，不但要随时调整手的顺逆（阴阳）方向旋转，而且也要将左右（阴阳）步法及时调整，以便为活步顺步（套步）打下基础。

3. 与本章第二节杨式太极拳推手二段技法图解定步左合步推手的要领 3 相同。

4. 与本章第二节杨式太极拳推手二段技法图解定步左合步推手的要领 4 相同。

二、定步顺步推手　甲右脚、乙左脚顺步定步推手

动作一：甲、乙双方相对站立在田字格前面，两脚尖自然朝前，两脚距离与肩同宽，为开立步；两手自然下垂，掌心贴于两胯外侧；头宜正直，面带笑容；立身中正，含胸拔背；眼神顾及对方（图 3–22、附图 3–22）。

图 3-22　　附图 3-22

动作二：甲、乙双方各以左脚向前上一步，迈进各自的田字格，同时，两臂自身体两侧向上抬起，与身体夹角约35°；头宜正直，面带笑容；身体中正安舒，含胸拔背；眼神顾及对方（图3-23、附图3-23）。

图 3-23　　附图 3-23

动作三：甲、乙双方各以右脚向前跟一步，与左脚成开立步站立；同时，左手向胸前弧形抱起，左手随向胸前抱随四指并拢伸直成掌，拇指向内弯曲，掌心向右下侧，指尖朝右上侧，高与肩平；右手同时也随向胸前弧形抱随由掌变拳，拳面贴于左掌心，随即左掌四指弯曲按住右拳背，拳眼向内；头宜正直；立身中正，含胸拔背；眼神顾及对方（图3－24、附图3－24）。

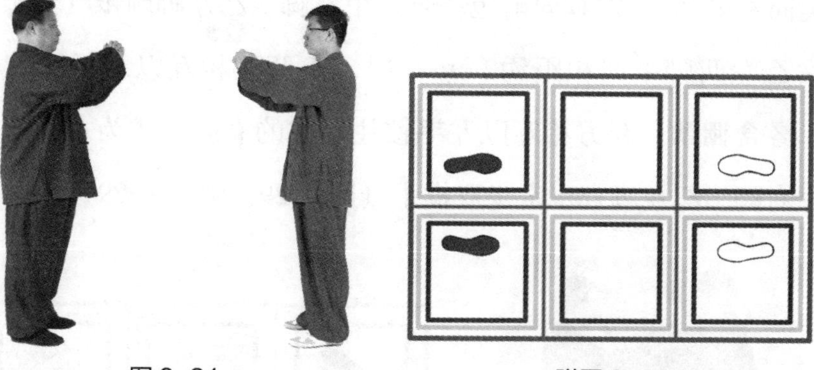

图 3–24　　附图 3–24

动作四：甲、乙双方抱拳，随即头随上体向前俯 15°；眼视抱拳，眼神顾及对方双脚（图 3–25）。

图 3–25

动作五：甲、乙双方抱拳；抬头直腰，随即两手变掌弧形落于两胯旁，立身中正，含胸拔背；眼神顾及对方（图 3–26、图 3–27、图 3–28）。

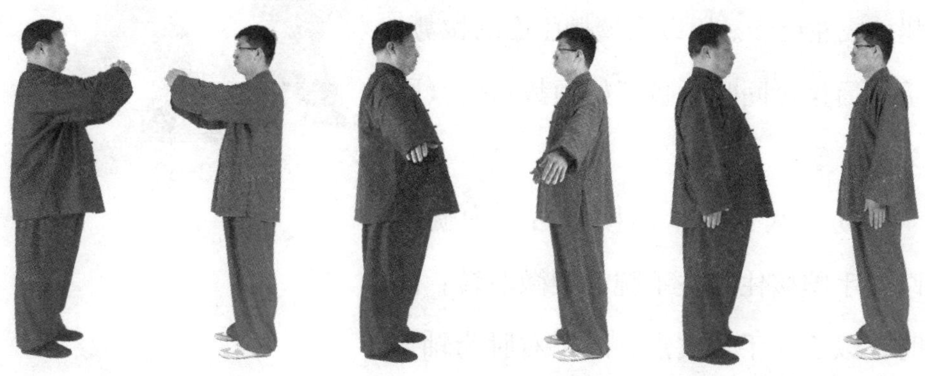

图 3–26　　图 3–27　　图 3–28

动作六：甲左脚尖向右撇45°，右脚向前迈一步；同时，乙右脚尖向右撇45°，左脚向前迈一步。甲右脚、乙左脚顺步（套步），甲右乙左两脚中间相距约2 cm；甲、乙两人相互以右手腕背部相搭，各含掤劲；双方相互以左手按住对方的右肘，成为右手腕相交的甲右脚、乙左脚合步定步双推手（图3–29、附图3–29）。

图 3–29

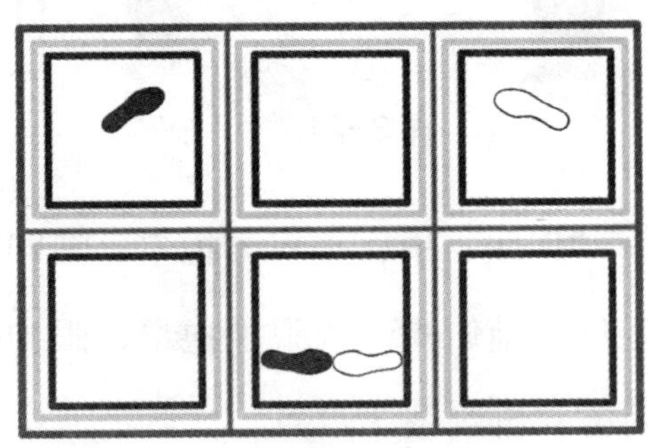

附图 3–29

动作七：乙两臂内旋，左掌按住甲的右肘，右掌按住甲的右腕，两掌一起向甲的胸前按；同时，弓左腿，蹬右腿，成左弓步。甲以右臂掤住乙的按势，重心后移；同时，腰开始顺势右转（图3–30）。

图 3–30

动作八：甲承乙按势右臂内旋，以左手腕接住乙左手腕；腰微右转；同时，以乙左手为支点，以甲右肘为轴，使右手向下盘缠于乙左肘部，随即腰左转，重心后移于左腿，两手随转腰随向左侧捋乙左臂。乙以左臂掤住甲方的捋势，右手按住自己左小臂内侧，同时，腰顺势右转（图3-31）。

图 3-31

动作九：乙承甲捋势左臂外旋；腰微右转；右掌按于左臂内侧向甲胸部挤出；同时，弓左腿，蹬右腿，成左弓步；甲随乙挤势腰开始右转（图3-32）。

图 3-32

动作十：甲承乙挤势两臂内旋；腰右转，使身体与乙正对面；甲左掌按住乙的右腕，右掌按住乙的右肘，两掌一起向乙的胸前按；同时，弓右腿，蹬左腿，成右弓步。乙以右臂掤住甲方的按势，重心后移坐于右腿；同时，腰顺势开始左转（图3-33）。

图 3-33

动作十一：乙承甲按势左臂内旋，以右手腕接住甲右手腕；腰微左转；同时，以甲左手为支点，以乙左肘为轴，使左手向下盘缠于甲右肘部，随即腰右转，重心后移于右腿，两手随转腰随向右侧捋甲右臂。甲以右臂掤住乙的捋势，左手按住自己右小臂内侧，同时，腰顺势左转（图3—34）。

动作十二：甲承乙握势右臂外旋；腰微左转；左掌按于右臂内侧向乙胸部挤去（图3—35）。

然后，乙即转为按；甲又复以右臂掤接，如此循环互推。

图 3–34

图 3–35

推手完毕：

动作一：甲将右脚收回与左脚齐，乙将左脚收回与右脚齐，双方均成开立步对面站立；两手自然下垂，掌心贴于两胯外侧；头宜正直，面带笑容；立身中正，含胸拔背；眼神顾及对方（图 3—36、附图 3—36）。

图 3–36

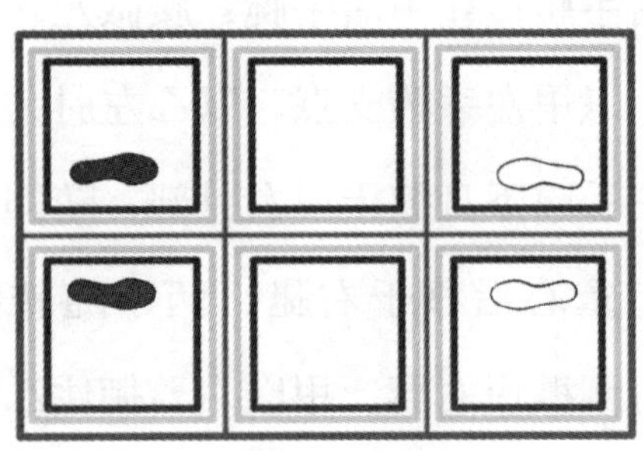

附图 3–36

动作二：甲、乙双方同时将两臂由身体两侧向上抬起，与身体夹角约35°；头宜正直，面带笑容；身体中正安舒，含胸拔背；眼神顾及对方（图3–37）。

图 3–37

动作三：甲、乙双方左手向胸前弧形抱起，左手随向胸前抱随四指并拢伸直成掌，拇指向内弯曲，掌心向右下侧，指尖朝右上侧，高与肩平；右手同时也随向胸前弧形抱随由掌变拳，拳面贴于左掌心，随即左掌四指弯曲按住右拳背，拳眼向内；头宜正直；立身中正，含胸拔背；眼神顾及对方（图3–38）。

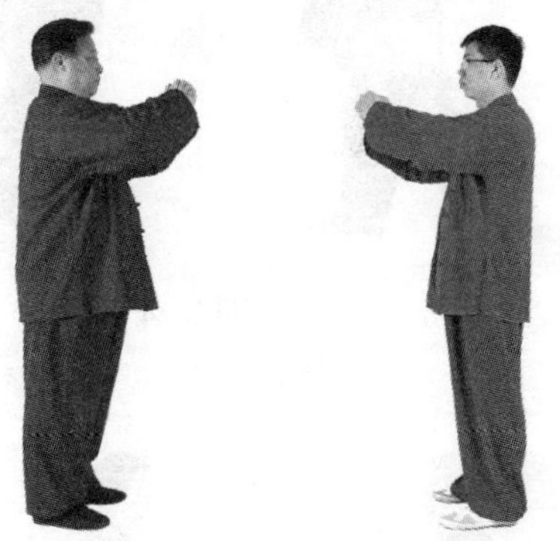

图 3–38

动作四：甲、乙双方抱拳，随即头随上体向前俯15°；眼视抱拳，眼神顾及对方双脚（图3–39）。

动作五：甲、乙双方抱拳；抬头直腰，立身中正，含胸拔背；眼神顾及对方（图3–40）。

图 3–39

图 3–40

动作六：甲、乙双方抱拳，右脚先向后撤一步，退出田字格，随即左脚向后撤，与右脚齐，成开立步；两手变掌弧形落于两胯旁，立身中正，含胸拔背；眼神顾及对方（图 3–41、附图 3–41、图 3–42、附图 3–42）。

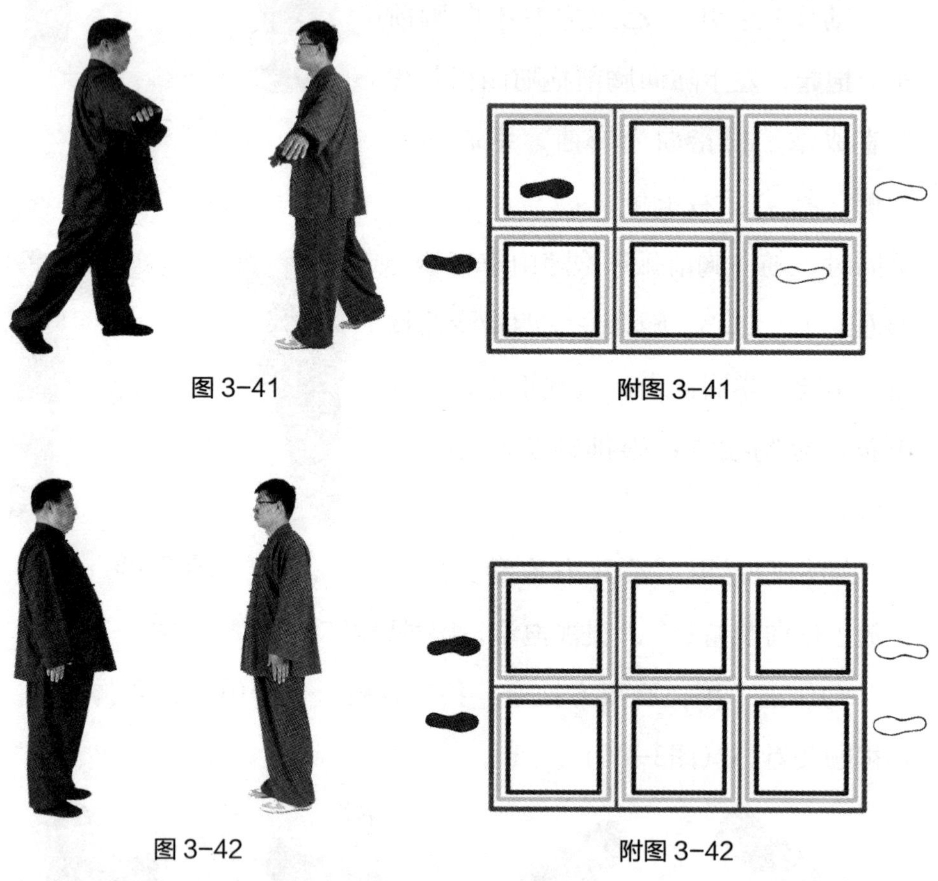

图 3–41　附图 3–41

图 3–42　附图 3–42

要领：

1. 与本章第二节杨式太极拳推手二段技法图解定步左合步推手要领 1 相同。

2. 三段为定步顺步（套步）推手，定步顺步（套步）推手分为甲左脚、乙右脚和甲右脚、乙左脚两种步法。甲右脚、乙左脚顺步定步推手，设甲右脚与乙左脚定步顺步推手。甲右脚在前，手势逆时针方向旋转，为顺，为阳；乙左脚在前，手势顺时针方向旋转，为顺，也为阳。这种现象为重阳，重阳在阴阳学说中为阴阳相互转化。阴阳对立的双方，在一定条件下可以相互转化，阴可转化为阳，阳可转化为阴。当甲右脚仍然在前，手势顺时针方向旋转，为被，为阴；乙左脚同时也在前，手势逆时针方向旋转，为被，也为阴，就会出现相反的现象。阴与阳是对立的，但又是互相依存的，只有阴阳统一起来，才能推动事物的变化和发展，这样阴阳才能长期共存。在推手练习时，不但要随时调整手的顺逆（阴阳）方向旋转，而且也要将左右（阴阳）步法及时调整，以便给活步顺步（套步）打下基础。

3. 与本章第二节杨式太极拳推手二段技法图解定步左合步推手要领 3 相同。

4. 与本章第二节杨式太极拳推手二段技法图解定步左合步推手要领 4 相同。

思考题

1. 甲左脚、乙右脚定步顺步推手，设甲逆时针方向旋转，乙顺时针方向旋转，都为阴手，这种现象称作什么现象？
2. 请论述重阴与阴阳的相互转化。
3. 甲右脚、乙左脚定步顺步推手，设甲逆时针方向旋转，乙顺时针方向旋转，都为阳手，这种现象称作什么现象？

杨式太极拳推手四段教学内容简介

名称	内容
课程名称	杨式太极拳推手四段教学
教学课时	4 课时。
教学目标	1. 复习杨式太极拳推手一、二、三段。 2. 让学员熟练掌握杨式太极拳活步四正推手礼仪。 3. 让学员熟练掌握杨式太极拳活步四正推手的基本手法。 4. 让学员熟练掌握杨式太极拳活步四正推手的基本步法。
教学内容	1. 复习杨式太极拳推手一、二、三段：巩固一、二、三段的基础知识。 2. 学习杨式太极拳活步四正推手在川字格内的站姿和武术礼仪，主要讲解杨式太极拳活步四正推手在川字格内的站位、站姿以及双方如何相互行礼。 3. 杨式太极拳活步四正推手的基本手法：对杨式太极拳推手“掤、攦、挤、按”四正的禁忌和有关阴手、阳手技法进行详细讲解。 4. 杨式太极拳活步四正推手的基本步法：详细讲解杨式太极拳的川字步，杨式太极拳活步四正推手的步型、步法和太极步。
教学重点	重点讲解杨式太极拳活步四正推手的手法、步型、步法和太极步。
授课方式	以 PPT 课件为主要形式，以教师现场详解 PPT 课件内容与教师现场教练的方式进行授课，并同时上传网络视频辅助教学。
授课进度	分四部分。
教学步骤	第一部分，复习巩固杨式太极拳定步四正推手一、二、三段的有关知识；第二部分，讲解杨式太极拳活步四正推手在川字格内的站姿和武术礼仪；第三部分，讲解杨式太极拳活步四正推手的基本手法；第四部分，讲解杨式太极拳活步四正推手的基本步法、步型。
课堂小结	按预期教学计划完成教学，并且留下一定时间让学生提问并解答学生提出的问题。总结这节课的主要内容。
复习要点	1. 练习杨式太极拳活步四正推手在川字格内的站姿和武术礼仪。 2. 复习杨式太极拳活步四正推手的基本手法。 3. 复习杨式太极拳活步四正推手的基本步法、步型。

第四节　杨式太极拳推手四段技法图解

一、杨式太极拳活步四正推手礼仪

动作一：甲、乙双方对面站到川字格指定区域内，以开立步站立，甲站在川字格边缘处，乙站在川字格中段指定处；两手自然下垂，掌心贴于两胯外侧；头宜正直，面带笑容；立身中正，含胸拔背；眼神顾及对方（图 4–1、附图 4–1）。

图 4–1

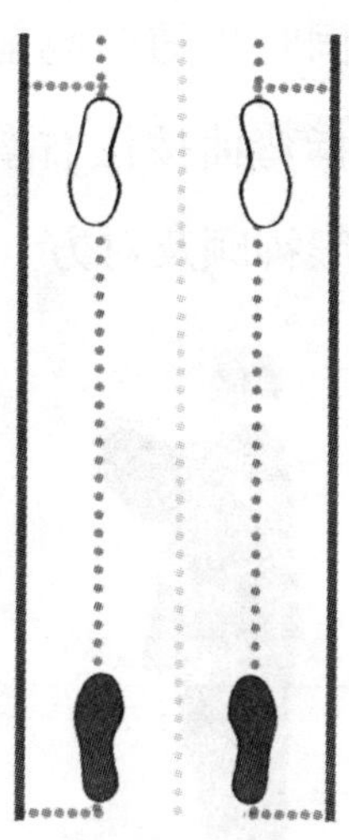

附图 4–1

动作二：甲、乙双方各以左脚向前迈一步，同时，两臂自身体两侧向上抬起，与身体夹角约 35°；头宜正直，面带笑容；身体中正安舒，含胸拔背；眼神顾及对方（图 4–2、附图 4–2）。

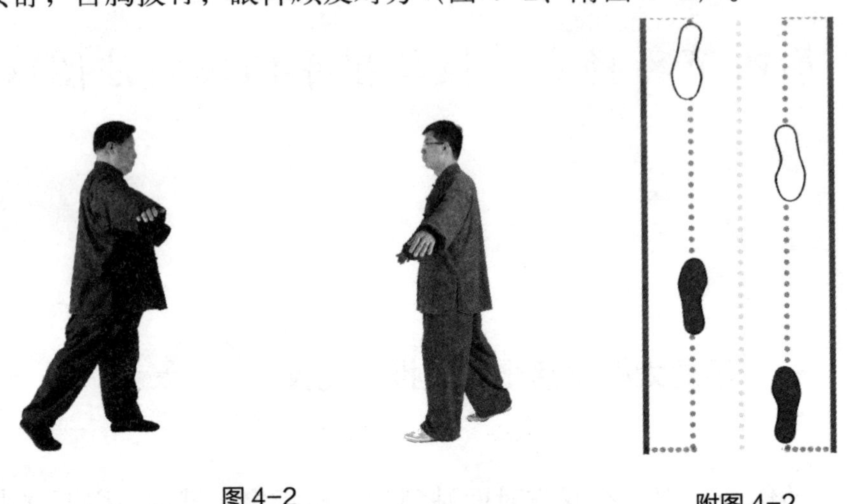

图 4–2　　附图 4–2

动作三：甲、乙双方各以右脚向前跟一步，与左脚成开立步站立；同时，左手向胸前弧形抱起，左手随向胸前抱随四指并拢伸直成掌，拇指向内弯曲，掌心向右下侧，指尖朝右上侧，高与肩平；右手同时也随向胸前弧形抱随由掌变拳，拳面贴于左掌心，随即左掌四指弯曲按住右拳背，拳眼向内；头宜正直；立身中正，含胸拔背；眼神顾及对方（图4–3、附图4–3）。

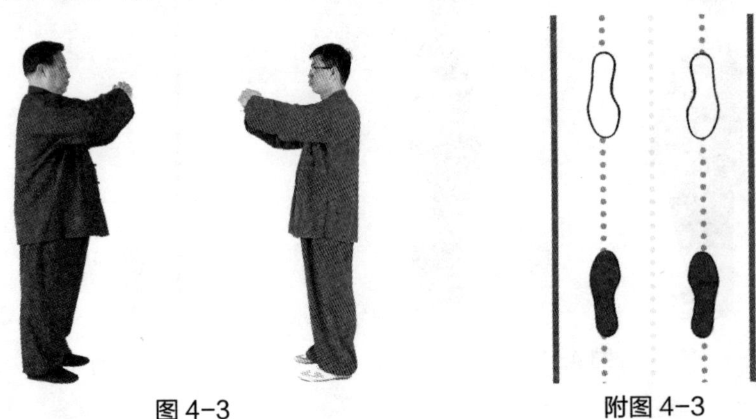

图 4–3　　附图 4–3

动作四：甲、乙双方抱拳，随即头随上体向前俯 15°；眼视各自的抱拳，眼神顾及对方双脚（图 4–4）。

图 4–4

动作五：甲、乙双方抱拳；抬头直腰，随即两手变掌弧形落于两胯旁，立身中正，含胸拔背；眼神顾及对方（图 4–5、图 4–6、 图 4–7）。

图 4–5

图 4–6

图 4–7

推手完毕：

动作一：甲、乙双方以开立步对面站立在各自的川字格区域内；两手自然下垂，掌心贴于两胯外侧；头宜正直，面带笑容；立身中正，含胸拔背；眼神顾及对方（图 4–8、附图 4–8）。

图 4–8

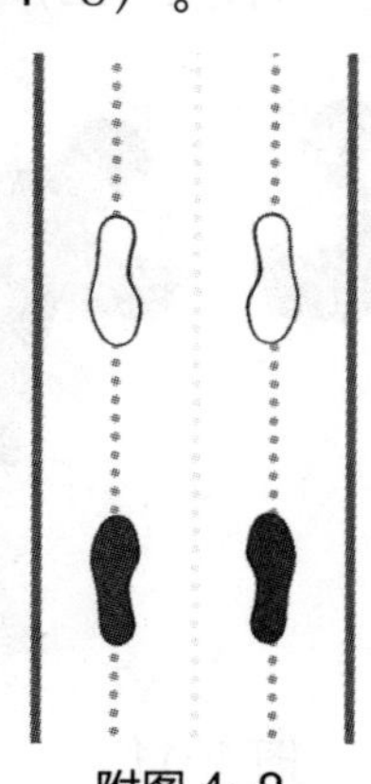
附图 4–8

动作二：甲、乙双方同时将两臂由身体两侧向上抬起，与身体夹角约35°；头宜正直，面带笑容；身体中正安舒，含胸拔背；眼神顾及对方（图4–9）。

图 4–9

动作三：甲、乙双方左手向胸前弧形抱起，左手随向胸前抱随四指并拢伸直成掌，拇指向内弯曲，掌心向右下侧，指尖朝右上侧，高与肩平；右手同时也随向胸前弧形抱随由掌变拳，拳面贴于左掌心，随即左掌四指弯曲按住右拳背，拳眼向内；头宜正直；立身中正，含胸拔背；眼神顾及对方（图4–10）。

图 4–10

动作四：甲、乙双方抱拳，随即头随上体向前俯 15°；眼视各自的抱拳，眼神顾及对方双脚（图 4–11）。

动作五：甲、乙双方抱拳；抬头直腰，立身中正，含胸拔背；眼神顾及对方（图 4–12）。

图 4–11

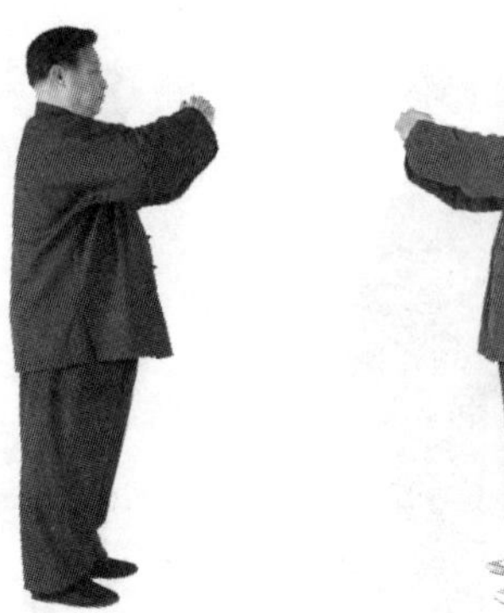
图 4–12

动作六：甲、乙双方抱拳，右脚先向后撤一步，随即左脚向后撤与右脚齐，成开立步；两手变掌弧形落于两胯旁，立身中正，含胸拔背；眼神顾及对方（图 4−13、附图 4−13、图 4−14、附图 4−14）。

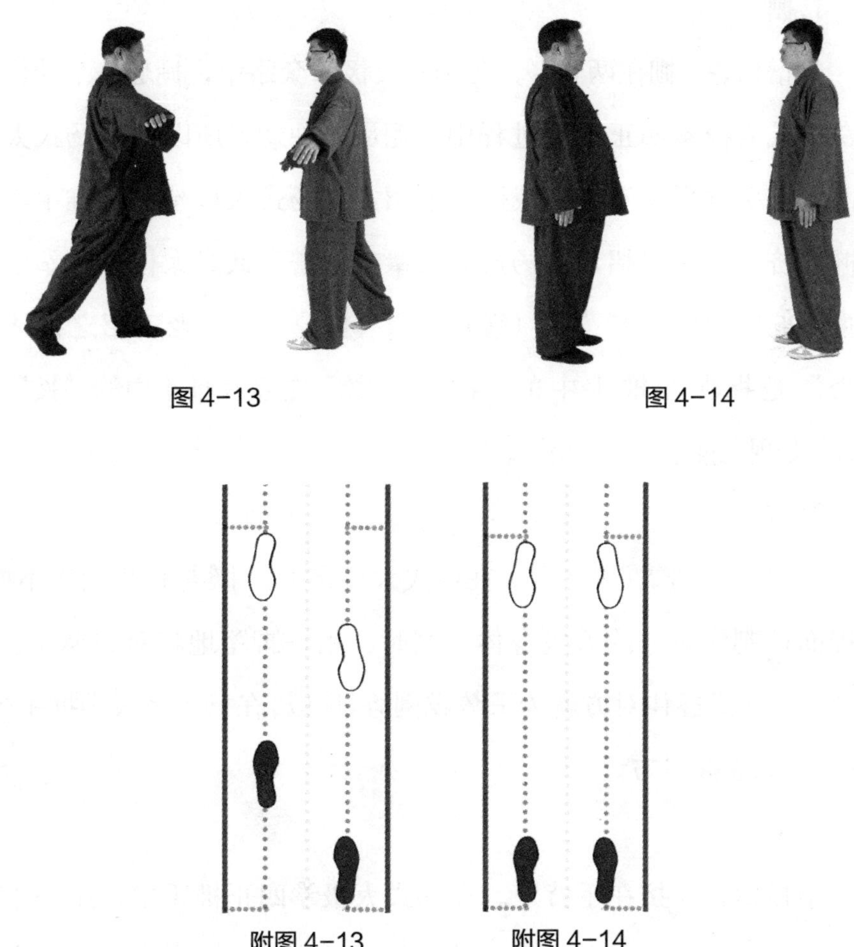

图 4−13　图 4−14

附图 4−13　附图 4−14

二、杨式太极拳活步四正推手的基本手法

杨式太极拳活步四正推手与杨式太极拳定步四正推手一段技法

图解、杨式太极拳定步推手技法“掤、履、挤、按”技法相同，此处不再赘述。下面主要对杨式太极拳推手“掤、履、挤、按”四正的禁忌和有关阴手、阳手的技法进行讲解。

1.掤

拳谱曰，“掤在两臂”。在杨式太极拳套路中，掤是一个动作；但在杨式太极拳四正推手过程中，掤是一种劲，所以，在杨式太极拳四正推手过程中不要寻找掤这个招式。杨式太极拳四正推手就是“履、挤、按”三招，故杨式太极拳老拳谱和武式太极拳老拳谱在对推手的阐释中都有“搂（缕）、捺（按）、肘”老三招之记述。“搂”是指现在推手中的“履”，“捺”是现在推手中的“按”，“肘”是现在推手中的“挤”。

2. 履

拳谱曰，“履在掌中”。在杨式太极拳中，履是指用两手不抓、不握而控制住对方的臂或身体，同时，用一脚蹬地将对方撅出。履势若一手抓或握住对方就为采势或挒势，所以，在杨式太极拳推手中，履不得抓或握对方。

3. 挤

拳谱曰，“挤在手背”。在杨式太极拳四正推手中，用一手手背或小臂外侧黏住对方，另一手按住该手脉门，用合力击打对方为之挤。挤势在掌或小臂处，朝上超出小臂处为肘，再朝上超出大臂则为靠，所以，挤只限于手背至小臂处，不能逾越。

4. 按

拳谱曰，“按在腰攻”。在杨式太极拳四正推手中，用腰部的力量由脊而肩而肘而腕行至于掌为之按。如果不用腰，单靠两臂的力量向前为之推，推是局部的力量，是外劲，是拙劲，是硬劲，不易变换；按是周身的力量，是内力，是巧劲，是柔劲，易变换。可按胸、腹部和两臂，但不能脱手按，同时，不能按肋部、头部、背部和腿部。

5. 杨式太极拳四正推手

四正推手分阴手和阳手。阴手为被，阳手为顺。比如：甲、乙推手，以右合步推手法为例，甲逆时针方向推为阳手，为顺，乙为阴手，为被；反之，甲顺时针方向推为阴手，为被，乙为阳手，为顺。此为一阴（被）一阳（顺）太极推手法。再如：甲、乙推手，以甲右脚、乙左脚顺步推手法为例，甲逆时针方向推为阳手，为顺，乙为阳手，为顺；反之，甲顺时针方向推为阴，为逆，乙为顺时针方向为阴，为被。此为二阴（被）二阳（顺）阴阳颠倒太极推手法。

三、杨式太极拳活步四正推手的基本步法

1. 川字步

所谓川字步，就是指两脚踏在一个川字上。川字是指左右两脚的涌泉穴和长强穴（即尾闾穴）运行的路线好似一个川字（图 4–15）。

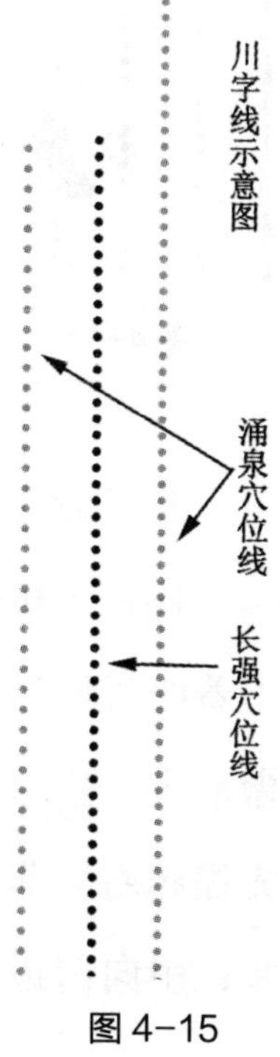

图 4–15

2. 步型

活步四正推手的步型是川字步。川字步又分合

步和顺步（套步）两种步型。①合步分为左合步和右合步两种步型（图 4–16、图 4–17）。②顺步分为甲左脚、乙右脚和甲右脚、乙左脚两种步型（图 4–18、图 4–19）。

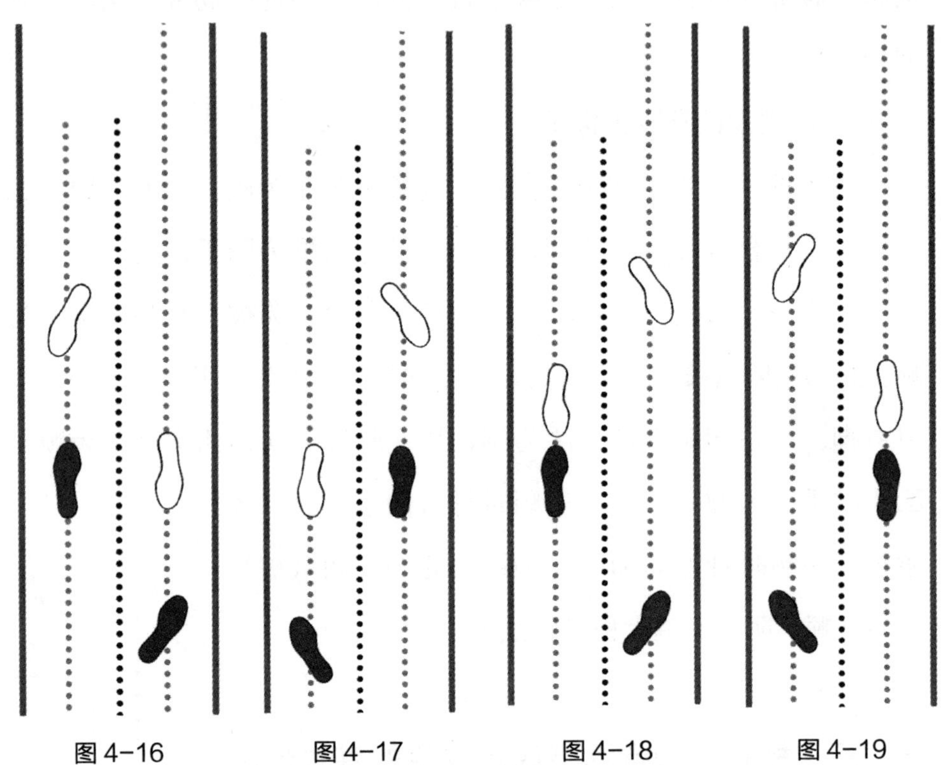

图 4–16　图 4–17　图 4–18　图 4–19

3. 步法

杨式太极拳活步四正推手步法为三步半，分半步前脚掌着地和不着地两种。杨式太极拳推手步法的总的原则是“进，上前步；退，撤后步”。以右合步推手步法，设甲进乙退为例。具体步法是，甲先提起右脚落于原地为其第一步，乙先提起左脚落于原地为其第一步；甲向前迈左脚为其第二步，乙向后撤右脚为其第二步；甲向前迈右脚为其第三步，乙向后撤左脚为其第三步；甲左脚向前跟半步（前脚掌可落地，可不落地，由甲、乙双方推手前约定）为其第三步半，乙右脚向后撤半步(前脚掌可落地，可不落地，由甲、乙双方推手前约定为准）为其第三步半（图4–20）。

4. 太极步

杨式太极拳不但在拳理、拳法上以太极文化为依据，而且在手法和步法上也将太极文化体现得淋漓尽致。杨式太极拳及推手要求“手捧太极，脚踩太极”。手捧太极将在《杨式太极拳散打段位教材》中阐释，本书不再重述。在这里只谈脚踩太极。脚踩太极是杨式太极拳腿法平衡力和定力的一种训练方式，腿法定力也称“千斤坠”。脚行走的路线连接起来呈现出太极图，这种步法就叫太极步，也称脚踩太极。左脚行走路线示意图见图4–21，右脚行走路线示意图见图4–22，左、右脚行走路线叠加示意图见图4–23。在左、右脚行走路线叠加示意图上加一个圆，就会呈现出两个叠加在一起的太极图，见图4–24。为使读者能清楚地在左、右脚行走路线叠加

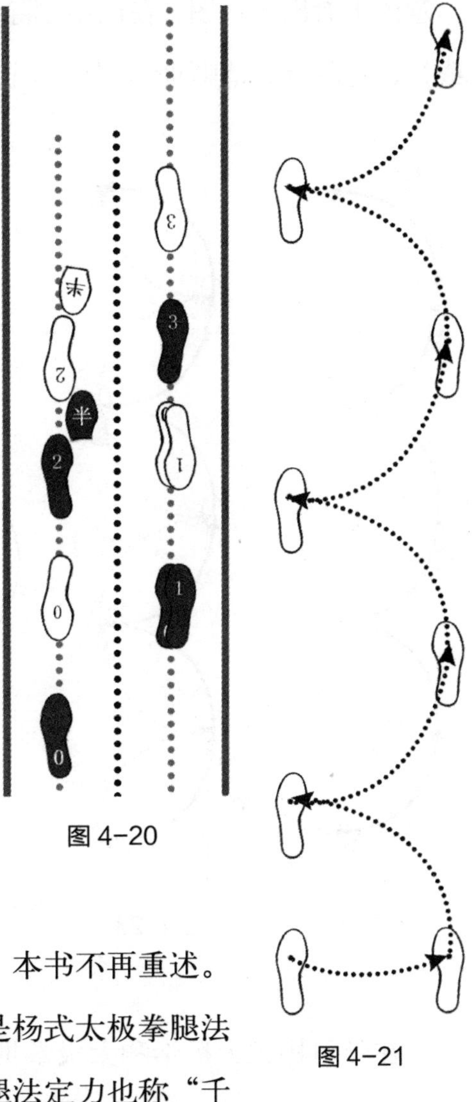

图4–20

图4–21

示意图上看出太极图，在圆中删除两条虚线（阳线）、一条实线（阴线），这时就会清晰地呈现出一个太极图，见图 4–25。

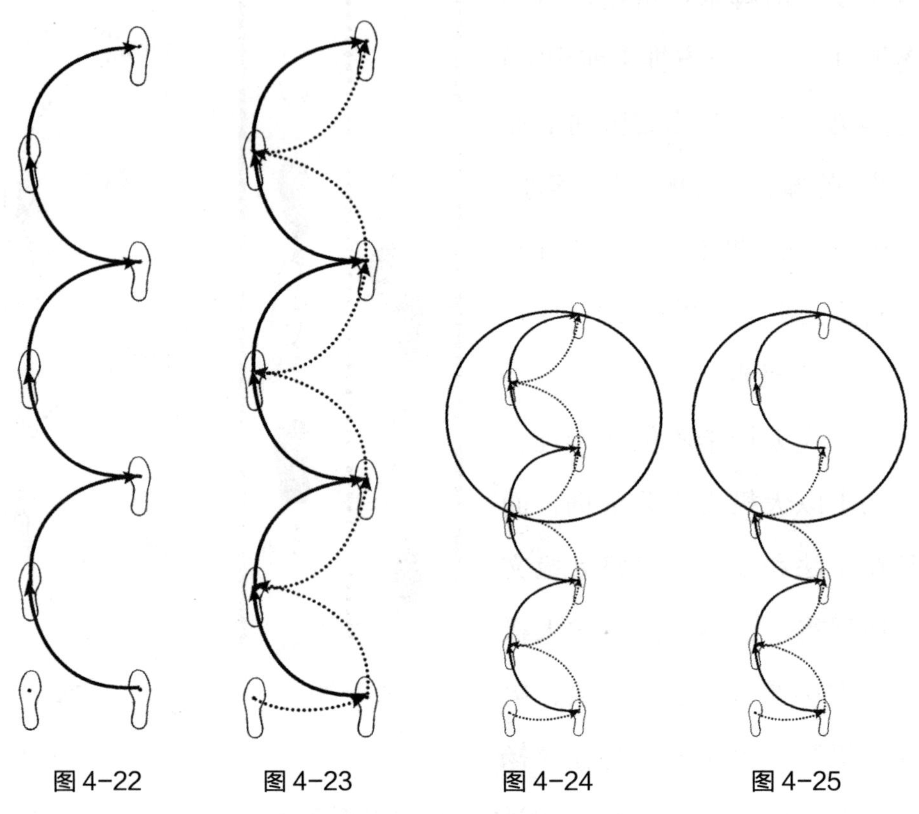

图 4–22　　图 4–23　　图 4–24　　图 4–25

在学习杨式太极拳和太极拳推手时，步法尤为重要，一般教拳只教手法，而不教步法，有“传上不传下”之说。太极步是杨式太极拳定力（也称“千斤坠”）功法的训练方式。其实，定力这种功法就是在行拳和推手的步法训练过程中练出来的。

有人认为，既然是活步推手，步法就应该随便走，不应该限制在什么川字步和三步半中。事实上，杨式太极拳和太极拳推手的手法、步法都有严格的规定，不能随便。要学杨式太极拳推手，就要按杨式太极拳推手的规矩去做，不要怕受限制，更不能别出心裁，自己去发明创新。

思考题

1. 杨式太极拳活步四正推手有几种礼仪？
2. 杨式太极拳活步四正推手有几种基本手法？
3. 杨式太极拳活步四正推手基本手法的名称是什么？
4. 杨式太极拳活步四正推手有几种基本招法？
5. 杨式太极拳活步四正推手基本招法的名称是什么？
6. 杨式太极拳活步四正推手采用的是什么步型？
7. 杨式太极拳活步四正推手有几种基本步型？

杨式太极拳推手五段教学内容简介

名称	内容
课程名称	杨式太极拳推手五段教学
教学课时	4 课时。
教学目标	1. 巩固杨式太极拳推手一、二、三段，复习四段。 2. 让学员熟练掌握杨式太极拳活步四正左合步推手。 3. 让学员熟练掌握杨式太极拳活步四正右合步推手。
教学内容	1. 复习杨式太极拳推手一至四段：巩固杨式太极拳推手一、二、三段的基础知识，复习杨式太极拳活步四正推手四段的武术礼仪。 2. 详细讲解杨式太极拳活步四正左合步推手的步法。 3. 详细讲解杨式太极拳活步四正右合步推手的步法。
教学重点	重点讲解杨式太极拳活步四正推手在川字格内的站位、站姿和行礼；杨式太极拳活步四正左合步推手的步法；杨式太极拳活步四正右合步推手的步法。
授课方式	以 PPT 课件为主要形式，以教师现场详解 PPT 课件内容与教师现场教练方式相结合，同时上传网络视频辅助教学。
授课进度	分四部分。
教学步骤	第一部分，巩固杨式太极拳定步四正推手一、二、三段，复习四段；第二部分，讲解杨式太极拳活步四正推手时在川字格内的站位、站姿和武术礼仪；第三部分，讲解杨式太极拳活步四正左合步推手的步法；第四部分，讲解杨式太极拳活步四正右合步推手的步法。
课堂小结	按预期教学计划完成教学，并且留下一定时间让学生提问并解答学生提出的问题。总结这节课的主要内容。
复习要点	1. 练习杨式太极拳活步四正推手在川字格内的站位、站姿和武术礼仪。 2. 复习杨式太极拳活步四正左合步推手的步法。 3. 复习杨式太极拳活步四正右合步推手的步法。

第五节　杨式太极拳推手五段技法图解

一、活步四正合步推手　左合步活步推手（甲左脚、乙左脚）

动作一：甲、乙双方对面站到川字格指定区域内，以开立步站立，甲站在川字格边缘处，乙站在川字格中段指定处；两手自然下垂，掌心贴于两胯外侧；头宜正直，面带笑容；立身中正，含胸拔背；眼神顾及对方（图 5−1、附图 5−1）。

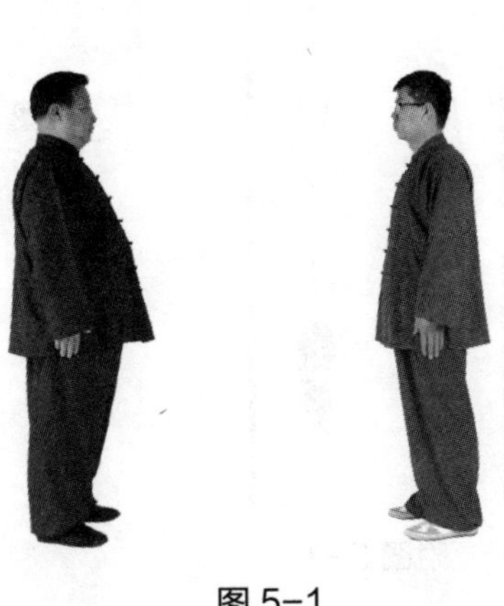

图 5−1

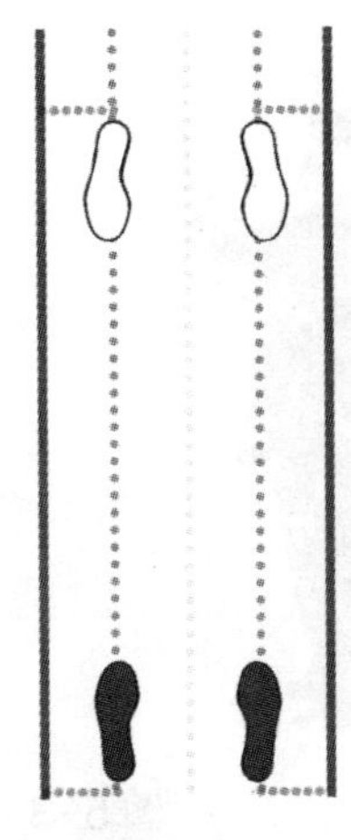

附图 5−1

动作二：甲、乙双方各以左脚向前迈一步，同时，两臂自身体两侧向上抬起，与身体夹角约 35°；头宜正直，面带笑容；身体中正安舒，含胸拔背；眼神顾及对方（图 5–2、附图 5–2）。

图 5–2

动作三：甲、乙双方各以右脚向前跟一步，与左脚成开立步站立；同时，左手向胸前弧形抱起，左手随向胸前抱随四指并拢伸直成掌，拇指向内弯曲，掌心向右下侧，指尖朝右上侧，高与肩平；右手同时也随向胸前弧形抱随由掌变拳，拳面贴于左掌心，随即左掌四指弯曲按住右拳背，拳眼向内；头宜正直；立身中正，含胸拔背；眼神顾及对方（图5–3、附图5–3）。

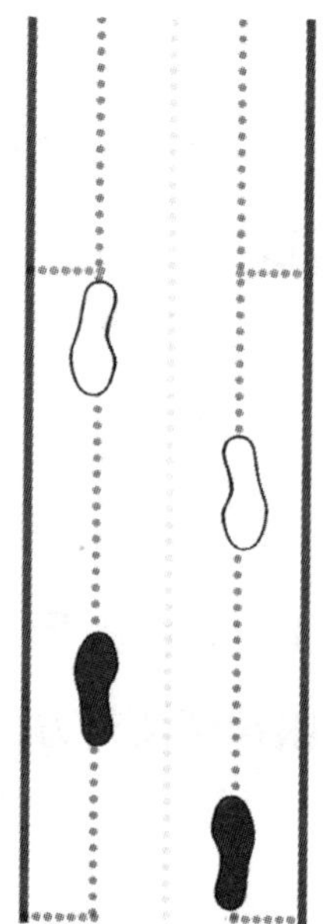

附图 5–2

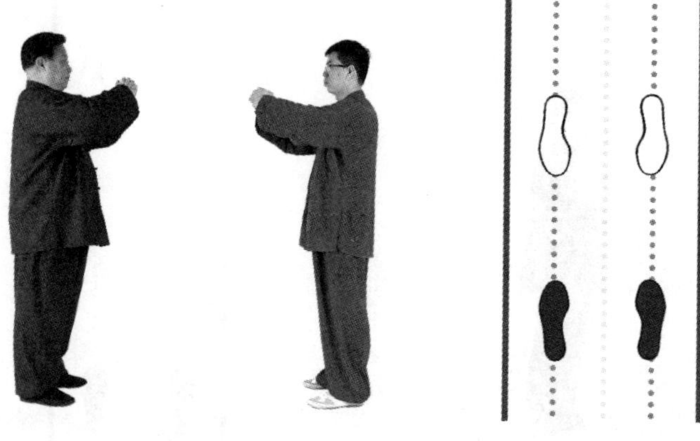

图 5–3

附图 5–3

动作四：甲、乙双方抱拳，随即头随上体向前俯 15°；眼视各自的抱拳，眼神顾及对方双脚（图 5–4）。

动作五：甲、乙双方抱拳；抬头直腰，随即两手变掌弧形落于两胯旁，立身中正，含胸拔背；眼神顾及对方（图5–5、图5–6、图5–7）。

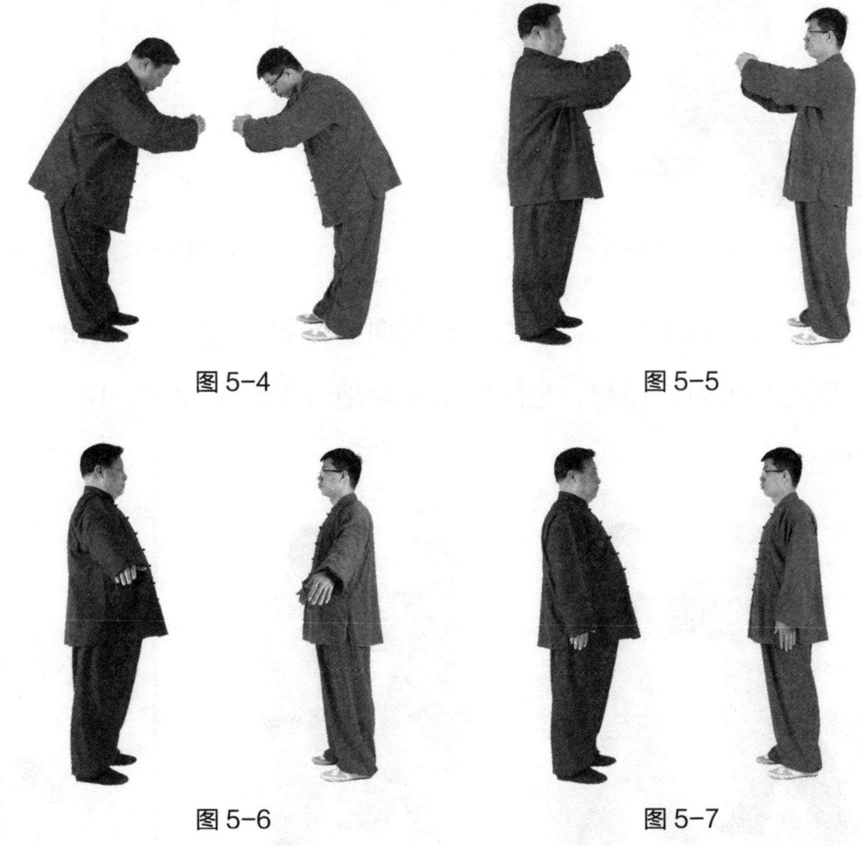

图 5–4　图 5–5

图 5–6　图 5–7

动作六：甲右脚尖向外撇45°，左脚向前迈一步；同时，乙右脚尖向外撇45°，左脚向前迈一步。甲、乙双方左脚相合，甲、乙两左脚中间约一横脚距离；甲、乙两人相互以右手腕背部相搭，各含掤劲；双方相互以左手按住对方的右肘，成为右手腕相交的甲左脚、乙左脚合步活步双推手（图5−8、附图5−8）。

图 5−8　　附图 5−8

动作七：设甲进乙退。乙右脚稍向前提起，随即落于原地；同时，甲左脚稍向回提起，也随即落于原地（图5−9、图5−10、附图5−10）。

图 5−9　　图 5−10　　附图 5−10

动作八：乙重心全部移于右腿，左腿提起向左后侧退一步，先以脚尖着地，随着重心后移，使全脚踏实，成右虚步；同时，甲重心全部移于左腿，右腿提起向前迈出，先以脚跟着地，随着重心前移使全脚踏实，弓右腿，蹬左腿，成右弓步（图 5−11、图 5−12、附图 5−12）。

图 5−11

图 5−12

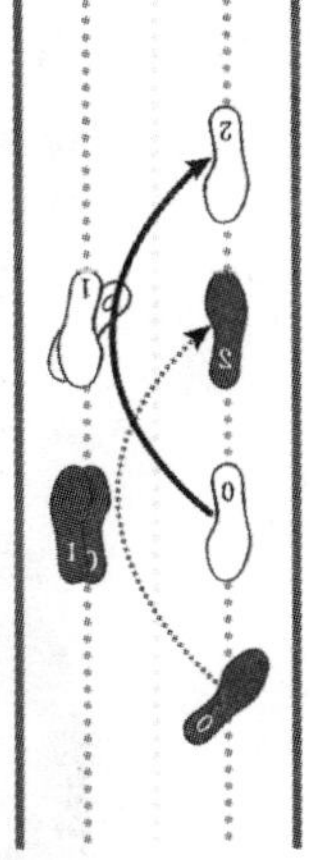
附图 5−12

动作九：乙重心全部移于左腿，右腿提起向右后侧退一步，先以脚尖着地，随着重心后移，使全脚踏实，成左虚步；同时，甲重心全部移于右腿，左腿提起向前迈出，先以脚跟着地，随着重心前移，使全脚踏实，弓左腿，蹬右腿，成左弓步（图 5−13、图 5−14、附图 5−14）。

图 5−13

图 5−14

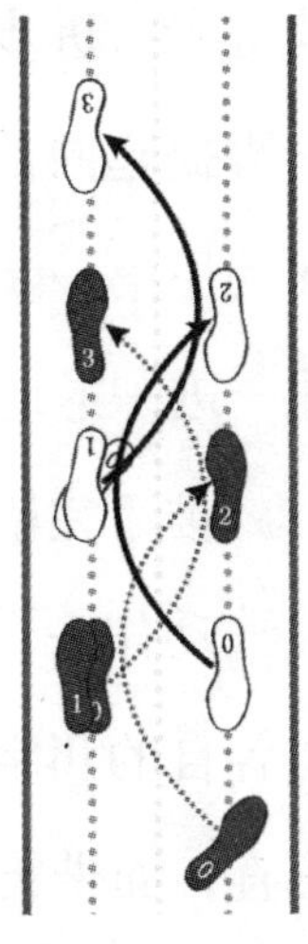
附图 5−14

动作十：乙重心全部移于右腿，左腿提起向回退半步，以脚尖着地，成左虚步；同时，甲重心全部移于左腿，右腿提起向前跟半步，以脚尖着地，左腿仍弯曲，不要直立（图 5–15、附图 5–15）。

图 5–15

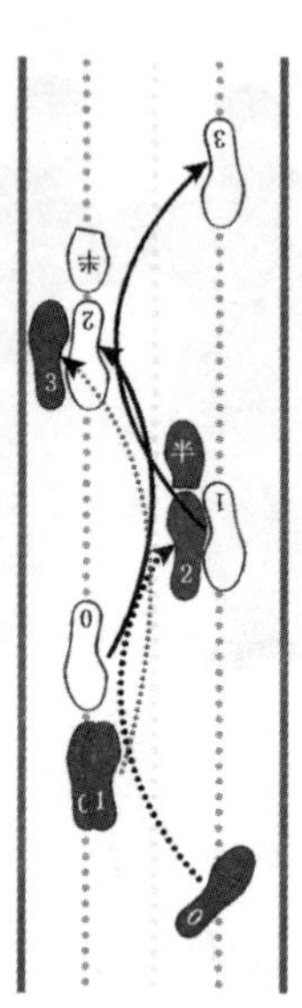

附图 5–15

然后转为乙进甲退。当乙退了三步，左脚向回退半步，随即转为进步，进步时先提左脚向前迈出，此为乙第一步；甲进了三步，右脚提起向前跟半步，随即转为退步，退步时先提右脚向后撤步，此为甲第一步。接着甲进乙退各三步半，然后再转为甲退乙进，如此一进一退地循环练习。

推手完毕：

动作一：甲、乙双方将左脚撤回，与右脚成开立步，对面站立在各自的川字格区域内；两手自然下垂，掌心贴于两胯外侧；头宜正直，面带笑容；立身中正，含胸拔背；眼神顾及对方（图 5–16、附图 5–16）。

图 5-16

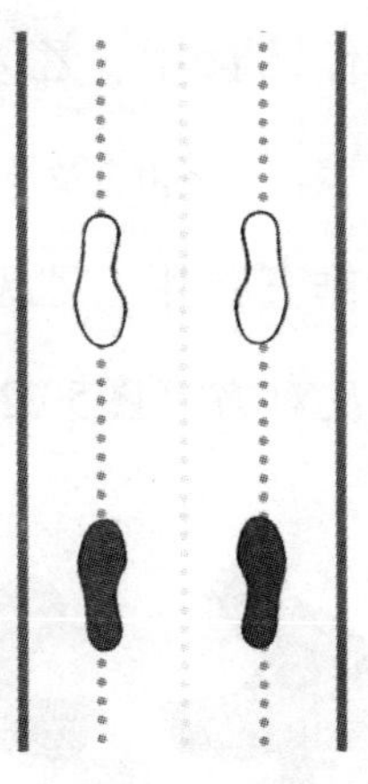
附图 5-16

动作二：甲、乙双方同时将两臂由身体两侧向上抬起，与身体夹角约35°；头宜正直，面带笑容；身体中正安舒，含胸拔背；眼神顾及对方（图5-17）。

图 5-17

动作三：甲、乙双方左手向胸前弧形抱起，左手随向胸前抱随四指并拢伸直成掌，拇指向内弯曲，掌心向右下侧，指尖朝右上侧，高与肩平；右手同时也随向胸前弧形抱随由掌变拳，拳面贴于左掌心，随即左掌四指弯曲按住右拳背，拳眼向内；头宜正直；立身中正，含胸拔背；眼神顾及对方（图5-18）。

图 5-18

动作四：甲、乙双方抱拳，随即头随上体向前俯15°；眼视各自的抱拳，眼神顾及对方双脚（图5-19）。

动作五：甲、乙双方抱拳；抬头直腰，立身中正，含胸拔背；眼神顾及对方（图5-20）。

图 5-19　　图 5-20

动作六：甲、乙双方抱拳，右脚先向后撤一步，随即左脚向后撤，与右脚齐，成开立步；两手变掌弧形落于两胯旁，立身中正，含胸拔背；眼神顾及对方（图5-21、附图5-21、图5-22、附图5-22）。

图 5-21

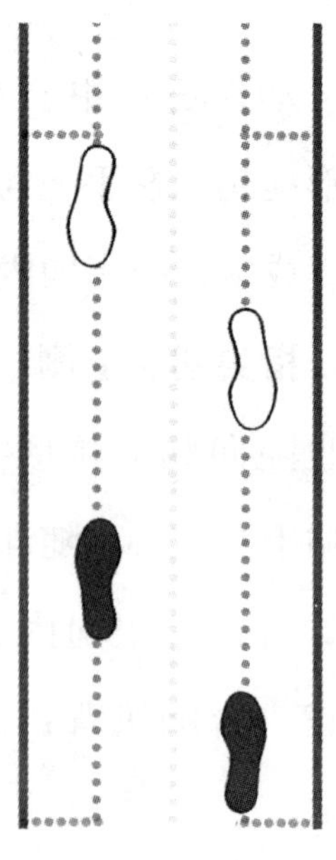

附图 5-21

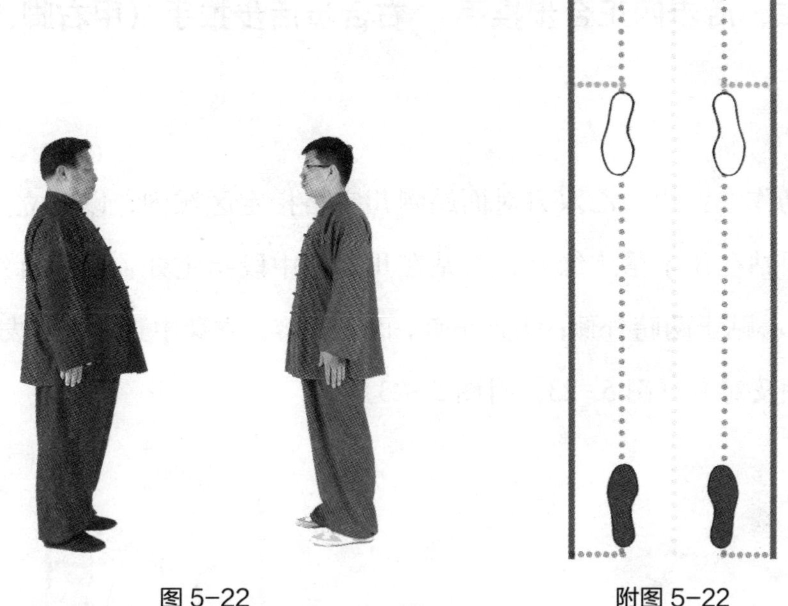

图 5-22　　附图 5-22

杨式太极拳活步四正推手，无论是合步还是顺步（套步），上肢仍然要用“掤、攌、挤、按”四种手法，但在开始动步时，退者必然为掤，进者为按。然后退者随退随转为攌，当攌至尽处时，步子也恰退了三步半；进者也随进随转为挤；挤足时也恰是进步进足时。然后，退者转为进步，上肢也由攌转为按；进者转为退步时，上肢也由挤转为掤，如此配合步法进行练习。以上步法为合步。

杨式太极拳活步四正合步推手分阴手和阳手。阴手为被，阳手为顺。比如：甲、乙推手，以右合步推手法为例，甲逆时针方向推为阳手，为顺，乙为阴手，为被；反之，甲顺时针方向推为阴手，为被，乙为阳手，为顺。此为一阴（被）一阳（顺）太极推手。

二、活步四正合步推手　右合步活步推手（甲右脚、乙右脚）

动作一：甲、乙双方对面站到川字格指定区域内，以开立步站立，甲站在川字格边缘处，乙站在川字格中段指定处；两手自然下垂，掌心贴于两胯外侧；头宜正直，面带笑容；立身中正，含胸拔背；眼神顾及对方（图 5-23、附图 5-23）。

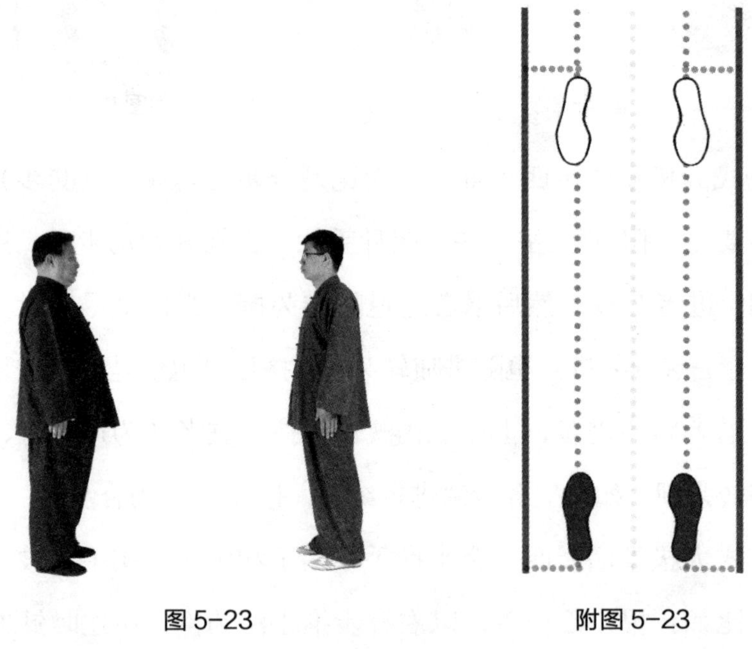

图 5-23　　附图 5-23

动作二：甲、乙双方各以左脚向前迈一步，同时，两臂自身体两侧向上抬起，与身体夹角约 35°；头宜正直，面带笑容；身体中正安舒，含胸拔背；眼神顾及对方（图 5-24、附图 5-24）。

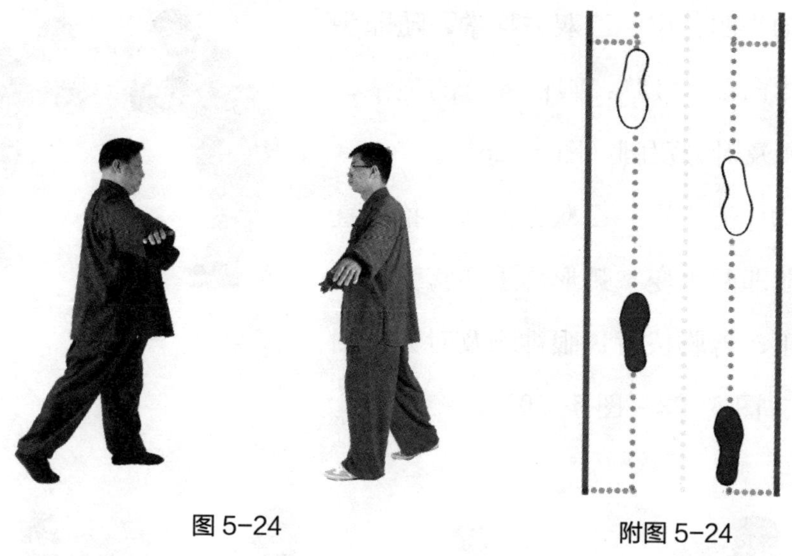

图 5-24　　附图 5-24

动作三：甲、乙双方右脚向前跟一步，与左脚成开立步站立；同时，左手向胸前弧形抱起，左手随向胸前抱随四指并拢伸直成掌，拇指向内弯曲，掌心向右下侧，指尖朝右上侧，高与肩平；右手同时也随向胸前弧形抱随由掌变拳，拳面贴于左掌心，随即左掌四指弯曲按住右拳背，拳眼向内；头宜正直；立身中正，含胸拔背；眼神顾及对方（图 5–25、附图 5–25）。

图 5-25

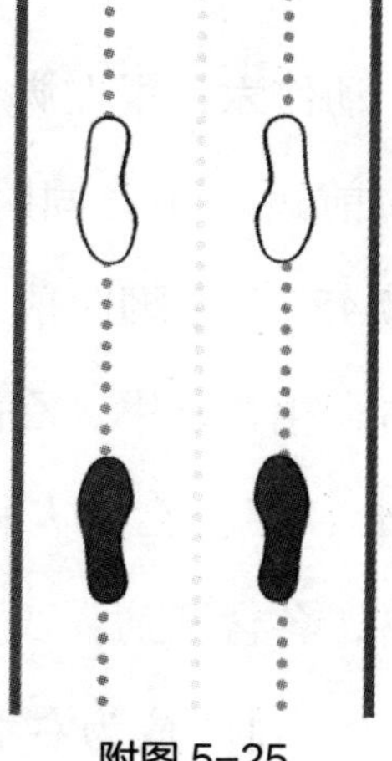

附图 5-25

动作四：甲、乙双方抱拳，随即头随上体向前俯 15°；眼视各自的抱拳，眼神顾及对方双脚（图 5–26）。

图 5–26

动作五：甲、乙双方抱拳；抬头直腰，随即两手变掌弧形落于两胯旁，立身中正，含胸拔背；眼神顾及对方（图 5–27、图 5–28、图 5–29）。

图 5–27

图 5–28

动作六：甲左脚尖向外撇 45°，右脚向前迈一步；同时，乙左脚尖也向外撇 45°，右脚向前迈一步，甲、乙双方右脚相合，甲、乙两右脚中间距离约 10 cm；甲、乙两人相互以右手腕背部相搭，各含掤劲；双方相互以左手按住对方的右肘，成为右手腕相交的甲右脚、

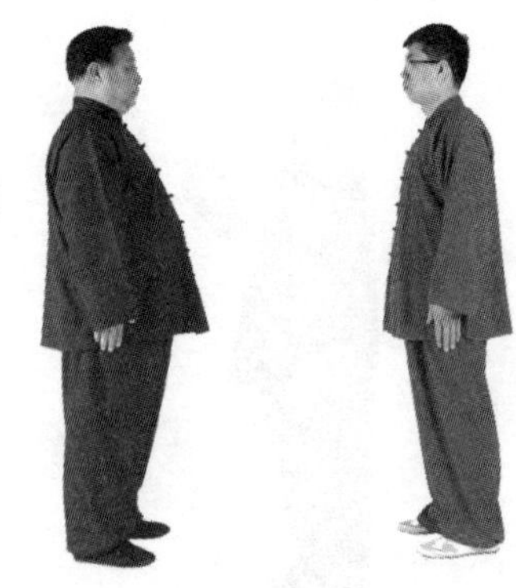
图 5–29

乙右脚合步活步双推手（图 5—30、附图 5—30）。

图 5-30　　附图 5-30

动作七：设甲进乙退。乙左脚稍向前提起随即落于原地；同时，甲右脚稍向回提起随即也落于原地（图 5—31、图 5—32、附图 5—32）。

图 5-31

图 5-32

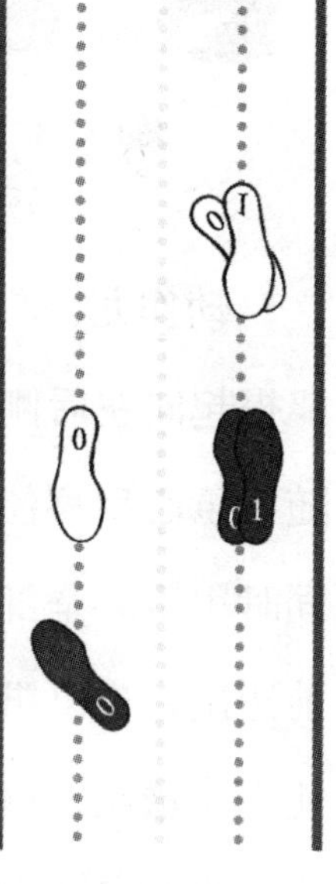

附图 5-32

动作八：乙重心全部移于左腿，右腿提起向右后侧退一步，先以脚尖着地，随着重心后移使全脚踏实，成左虚步；同时，甲重心全部移于右腿，左腿提起向前迈出，先以脚跟着地，随着重心前移使全脚踏实，弓左腿，蹬右腿，成左弓步（图 5–33、图 5–34、附图 5–34）。

图 5–33

图 5–34

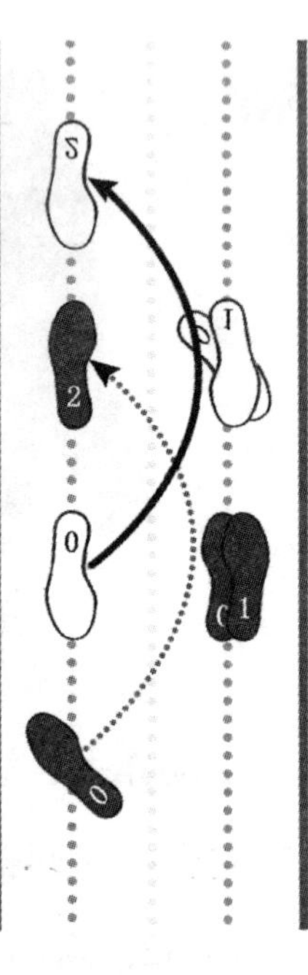
附图 5–34

动作九：乙重心全部移于右腿，左腿提起向左后侧退一步，先以脚尖着地，随着重心后移使全脚踏实，成右虚步；同时甲重心全部移于左腿，右腿提起向前迈出，先以脚跟着地，随着重心前移使全脚踏实，弓右腿，蹬左腿，成右弓步（图 5–35、图 5–36、附图 5–36）。

图 5–35

图 5-36

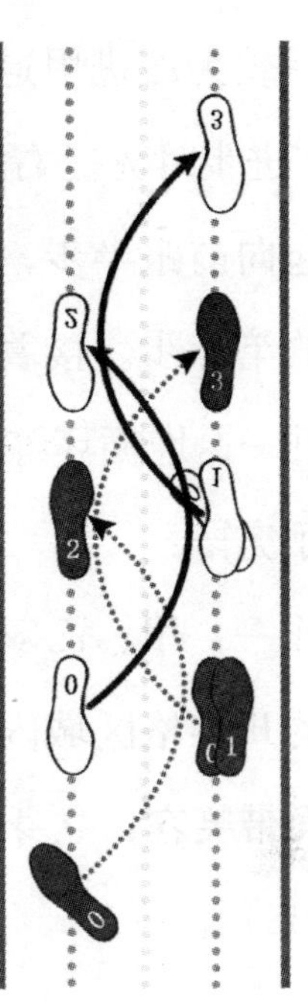
附图 5-36

动作十：乙重心全部移于左腿，右腿提起向回退半步，以脚尖着地，成右虚步；同时甲重心全部移于右腿，左腿提起向前跟半步，以脚尖着地，右腿仍弯曲，不要直立（图 5-37、附图 5-37）。

图 5-37

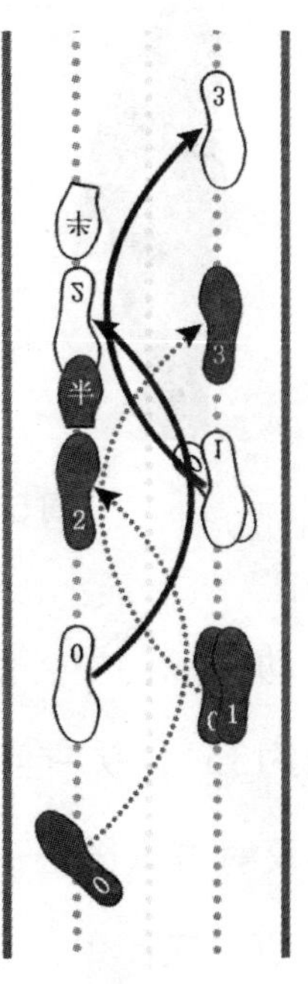
附图 5-37

然后转为乙进甲退。当乙退了三步，右脚向回退半步，随即转为进步，进步时先提右脚向前迈出，此为乙的第一步；甲进了三步，左脚提起向前跟半步，随即转为退步，退步时先提左脚向后撤步，此为甲的第一步。接着甲进乙退各三步半，然后再转为甲退乙进，如此一进一退地循环练习。

推手完毕：

动作一：甲、乙双方将右脚撤回，与左脚成开立步，对面站立在各自的川字格区域内；两手自然下垂，掌心贴于两胯外侧；头宜正直，面带笑容；立身中正，含胸拔背；眼神顾及对方（图 5–38、附图 5–38）。

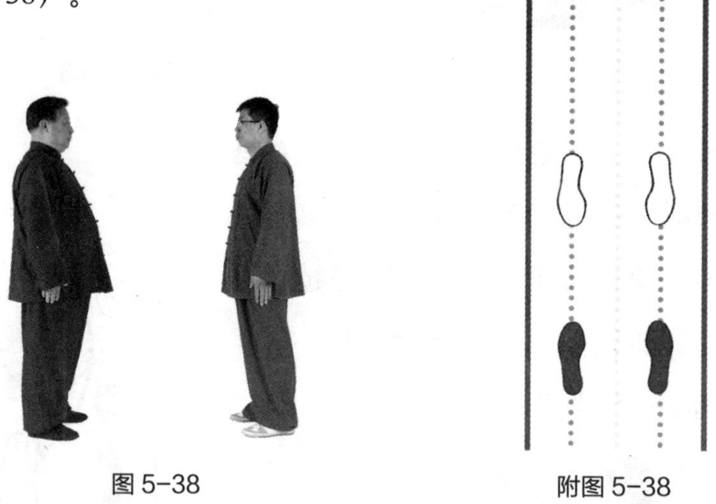

图 5–38　　附图 5–38

动作二：甲、乙双方同时将两臂由身体两侧向上抬起，与身体夹角约35°；头宜正直，面带笑容；身体中正安舒，含胸拔背；眼神顾及对方（图5–39）。

动作三：甲、乙双方左手向胸前弧形抱起，左手随向胸前抱随四指并拢伸直成掌，拇指向内弯曲，掌心向右下侧，指尖朝右上侧，高与肩平；右手同时也随向胸前弧形抱随由掌变拳，拳面贴于左掌心，随即左掌四指弯曲按住右拳背，拳眼向内；头宜正直；立身中正，含胸拔背；眼神顾及对方（图 5–40）。

图 5–39　　图 5–40

动作四：甲、乙双方抱拳，随即头随上体向前俯 15°；眼视各自的抱拳，眼神顾及对方双脚（图 5–41）。

动作五：甲、乙双方抱拳；抬头直腰，立身中正，含胸拔背；眼神顾及对方（图 5–42）。

图 5–41　　图 5–42

动作六：甲、乙双方抱拳，右脚先向后撤一步，随即左脚向后撤，与右脚齐，成开立步；两手变掌弧形落于两胯旁，立身中正，含胸拔背；眼神顾及对方（图5−43、附图5−43、图5−44、附图5−44）。

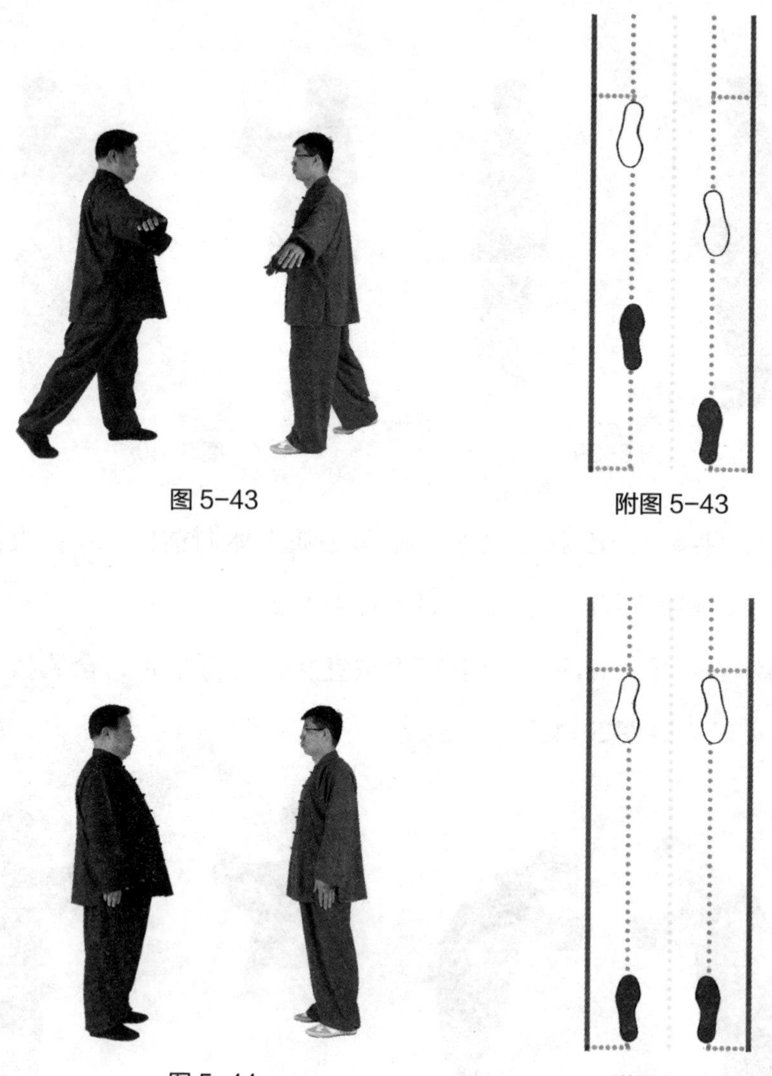

图 5−43

附图 5−43

图 5−44

附图 5−44

思考题

1. 简述杨式太极拳活步四正推手在川字格内的站位、站姿和武术礼仪。
2. 举例说明杨式太极拳活步四正合步推手时手法和步法的具体配合。
3. 举例说明杨式太极拳活步四正合步推手时顺手与被手和步法的关系。

杨式太极拳推手六段教学内容简介

名称	内容
课程名称	杨式太极拳推手六段教学
教学课时	4 课时。
教学目标	1. 巩固杨式太极拳推手一至四段，复习五段。 2. 让学员熟练掌握杨式太极拳活步四正顺步（套步）推手（甲左脚、乙右脚）。 3. 让学员熟练掌握杨式太极拳活步四正顺步（套步）推手（甲右脚、乙左脚）。
教学内容	1. 复习杨式太极拳推手一至五段：巩固杨式太极拳推手一至五段基础知识，重点复习杨式太极拳活步四正推手四段武术礼仪。 2. 详细讲解杨式太极拳活步四正顺步（套步）推手（甲左脚、乙右脚）的步法。 3. 详细讲解杨式太极拳活步四正顺步（套步）推手（甲右脚、乙左脚）的步法。
教学重点	重点讲解杨式太极拳活步四正推手在川字格内的站位、站姿和行礼；杨式太极拳活步四正顺步（套步）推手（甲左脚、乙右脚）的步法；杨式太极拳活步四正顺步（套步）推手（甲右脚、乙左脚）的步法。
授课方式	以视频为主要形式，以教师现场详解视频内容与现场教练的方式进行授课，并同时上传网络视频辅助教学。
授课进度	分四部分。
教学步骤	第一部分，巩固杨式太极拳定步四正推手一至四段，复习五段；第二部分，讲解杨式太极拳活步四正推手在川字格内的站位、站姿和武术礼仪；第三部分，讲解杨式太极拳活步四正顺步（套步）推手（甲左脚、乙右脚）的步法；第四部分，讲解杨式太极拳活步四正顺步（套步）推手（甲右脚、乙左脚）的步法。
课堂小结	按预期教学计划完成教学，并且留下一定时间让学生提问并解答学生提出的问题。总结这节课的主要内容。
复习要点	1. 练习杨式太极拳活步四正推手在川字格内的站位、站姿和武术礼仪。 2. 复习杨式太极拳活步四正顺步（套步）推手（甲左脚、乙右脚）的步法。 3. 复习杨式太极拳活步四正顺步（套步）推手（甲右脚、乙左脚）的步法。

第六节　杨式太极拳推手六段技法图解

一、活步四正顺步（套步）推手（甲左脚、乙右脚）

动作一：甲、乙双方对面站到川字格指定区域内，以开立步站立，甲站在川字格边缘处，乙站在川字格中段指定处；两手自然下垂，掌心贴于两胯外侧；头宜正直，面带笑容；立身中正，含胸拔背；眼神顾及对方（图 6–1、附图 6–1）。

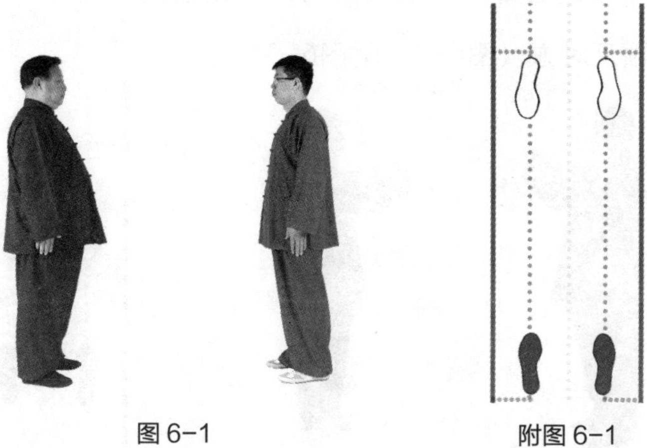

图 6–1　　附图 6–1

动作二：甲、乙双方各以左脚向前上迈一步，同时，两臂自身体两侧向上抬起，与身体夹角约 35°；头宜正直，面带笑容；身体中正安舒，含胸拔背；眼神顾及对方（图 6–2、附图 6–2）。

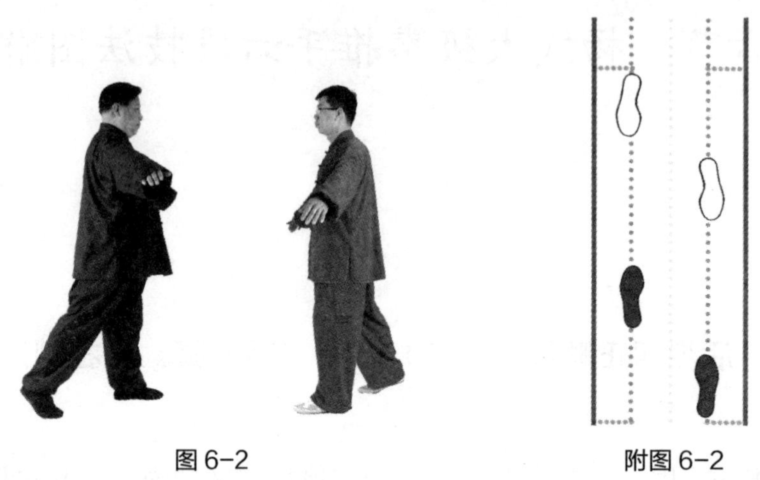

图 6–2　　附图 6–2

动作三：甲、乙双方各以右脚向前跟一步，与左脚成开立步站立；同时，左手向胸前弧形抱起，左手随向胸前抱随四指并拢伸直成掌，拇指向内弯曲，掌心向右下侧，指尖朝右上侧，高与肩平；右手同时也随向胸前弧形抱随由掌变拳，拳面贴于左掌心，随即左掌四指弯曲按住右拳背，拳眼向内；头宜正直；立身中正，含胸拔背；眼神顾及对方（图6–3、附图6–3）。

图 6–3　　附图 6–3

动作四：甲、乙双方抱拳，随即头随上体向前俯 15°；眼视各自的抱拳，眼神顾及对方双脚（图 6–4）。

图 6–4

动作五：甲、乙双方抱拳；抬头直腰，随即两手变掌弧形落于两胯旁，立身中正，含胸拔背；眼神顾及对方（图 6–5、图6–6、图6–7）。

图 6–5

图 6–6

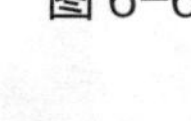

动作六：甲右脚尖向外撇 45°，左脚向前迈一步；乙左脚尖向外撇 45°，右脚向前迈一步，甲左脚与乙右脚相对为一顺，故称顺步。甲、乙两人相互以右手腕背部相搭，各含掤劲；双方相互以左手按住对方的右肘，成为右手腕相交的甲左脚、乙右脚顺步（套步）活步双推手（图 6–8、附图 6–8）。

图 6–7

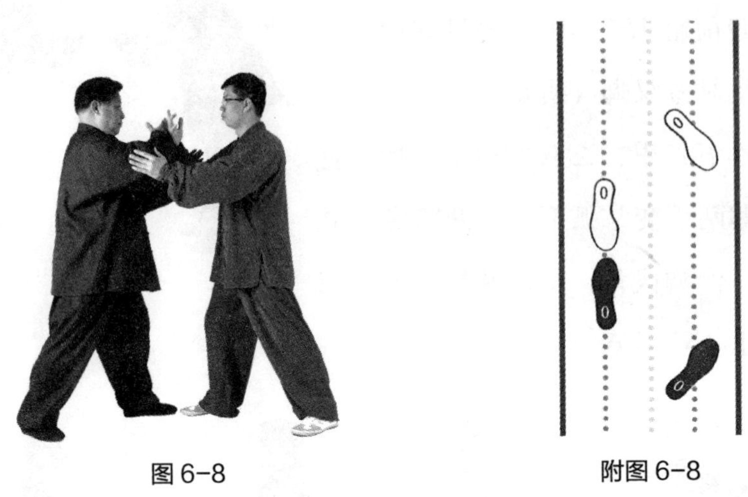

图 6-8　　附图 6-8

动作七：设甲进乙退。甲左脚稍向回提起，随即落于原地；同时，乙右脚稍向前提起，也随即落于原地。甲、乙均为第一步（图6-9、图6-10、附图6-10）。

图 6-9　　图 6-10　　附图 6-10

动作八：甲重心全部移于左腿，右腿提起向前插在乙左脚内侧，先以脚跟着地，随着重心前移使全脚踏实，弓右腿，蹬左腿，成右弓步；同时，乙重心全部移于左腿，右腿提起向右后侧退一步，先以脚尖着地，随着重心后移，使全脚踏实，成左虚步。甲、乙均为第二步（图6−11、图6−12、附图6−12）。

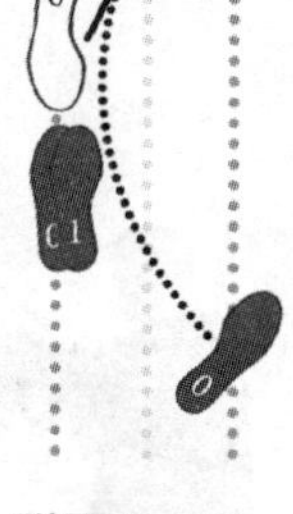

图 6−11　　图 6−12　　附图 6−12

动作九：甲重心全部移于右腿，左腿提起向前迈，落在乙右脚外侧，先以脚跟着地，随着重心前移使全脚踏实，弓左腿，蹬右腿，成左弓步；同时，乙重心全部移于右腿，左腿提起向左后侧退一步，先以脚尖着地，随着重心后移使全脚踏实，成右虚步（图6−13、图6−14、附图6−14）。

图 6−13

图 6−14

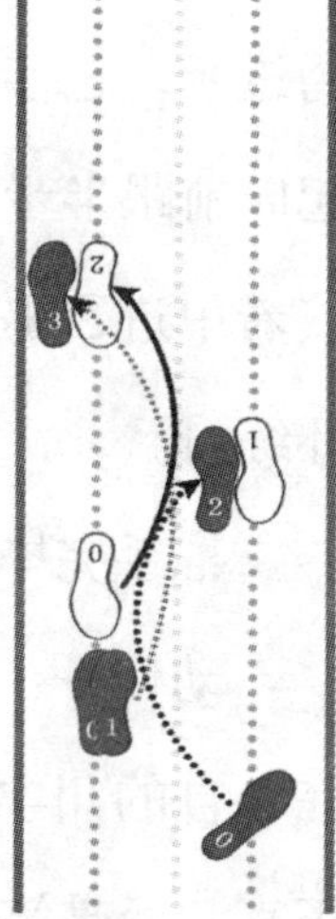

附图 6−14

动作十：甲重心全部移于左腿，右腿提起向前跟半步，以脚尖着地，仍为左弓步；同时，乙重心全部移于右腿，左腿提起向回退半步，以脚尖着地，仍为左虚步（图6−15、图6−16、附图6−16）。

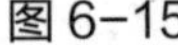

图 6−15

图 6−16

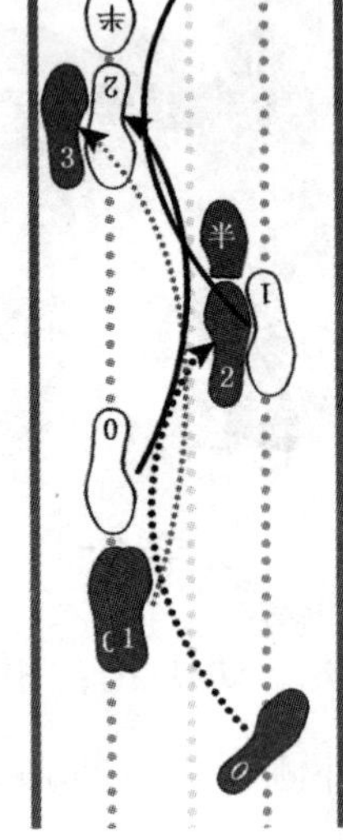

附图 6−16

然后转为乙进甲退。当乙退了三步，右脚向回退半步，随即转为进步，进步时先提右脚向前迈出为第一步；甲进了三步，右脚提起向前跟半步，随即转为退步，退步时先提右脚向后撤步为第一步。接着甲进乙退各三步半，然后再转为甲退乙进，如此一进一退地循环练习。

推手完毕：

动作一：甲、乙双方将右脚撤回，与左脚成开立步，对面站立在各自的川字格区域内；两手自然下垂，掌心贴于两胯外侧；头宜正直，面带笑容；立身中正，含胸拔背；眼神顾及对方（图 6−17、附图 6–17）。

图 6–17

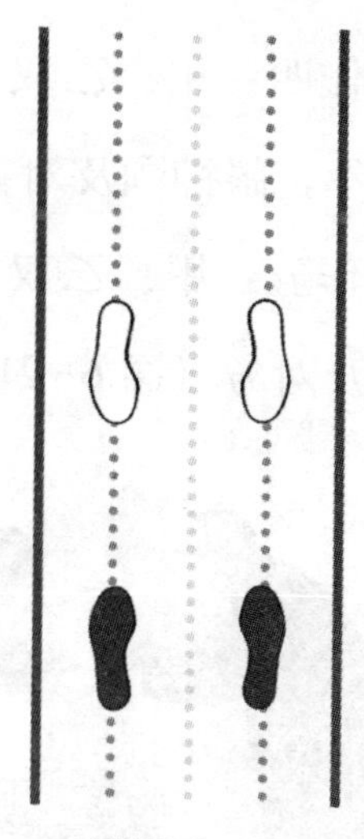
附图 6–17

动作二：甲、乙双方同时将两臂由身体两侧向上抬起，与身体夹角约 35°；头宜正直，面带笑容；身体中正安舒，含胸拔背；眼神顾及对方（图 6–18）。

图 6–18

动作三：甲、乙双方左手向胸前弧形抱起，左手随向胸前抱随四指并拢伸直成掌，拇指向内弯曲，掌心向右下侧，指尖朝右上侧，高与肩平；右手同时也随向胸前弧形抱随由掌变拳，拳面贴于左掌心，随即左掌四指弯曲按住右拳背，拳眼向内；头宜正直；立身中正，含胸拔背；眼神顾及对方（图 6–19）。

图 6–19

动作四：甲、乙双方抱拳，随即头随上体向前俯 15°；眼视各自的抱拳，眼神顾及对方双脚（图 6–20）。

动作五：甲、乙双方抱拳；抬头直腰，立身中正，含胸拔背；眼神顾及对方（图 6–21）。

图 6–20　　图 6–21

动作六：甲、乙双方抱拳，右脚先向后撤一步，随即左脚向后撤与右脚齐，成开立步；两手变掌弧形落于两胯旁，立身中正，含胸拔背；眼神顾及对方（图 6–22、附图 6–22、图 6–23、附图 6–23）。

图 6–22

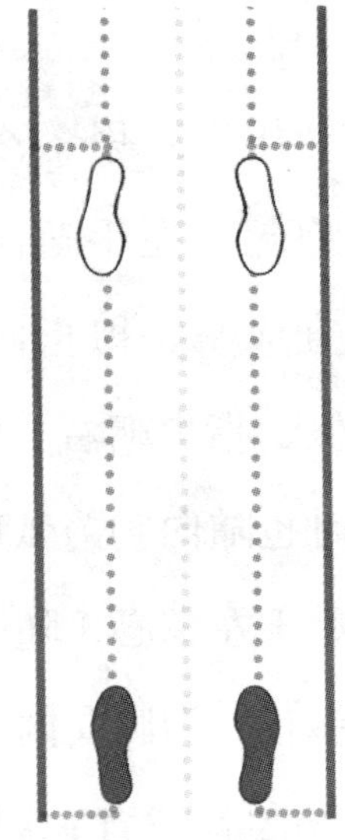

附图 6–22

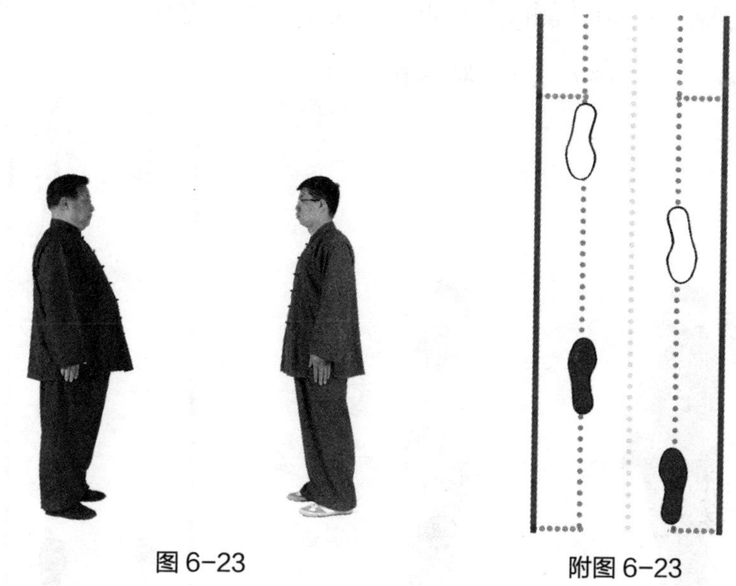

图 6-23　　附图 6-23

需要注意的是：①杨式太极拳四正合步推手和顺步（套步）推手的步法分阴步和阳步，凡上步为阳，退步为阴。②杨式太极拳四正顺步（套步）推手分阴手和阳手。阴手为被，阳手为顺。比如：甲、乙推手，以甲右脚、乙左脚顺步推手法为例，甲逆时针方向推为阳手，为顺，乙为阳手，为顺；反之，甲顺时针方向推为阴，为逆，乙为顺时针方向为阴，为被。此为二阴（被）二阳（顺）阴阳颠倒太极推手。

二、活步四正顺步（套步）推手（甲右脚、乙左脚）

动作一：甲、乙双方对面站到川字格指定区域内，以开立步站立，甲站在川字格边缘处，乙站在川字格中段指定处；两手自然下垂，掌心贴于两胯外侧；头宜正直，面带笑容；立身中正，含胸拔背；眼神顾及对方（图 6–24、附图 6–24）。

图 6–24

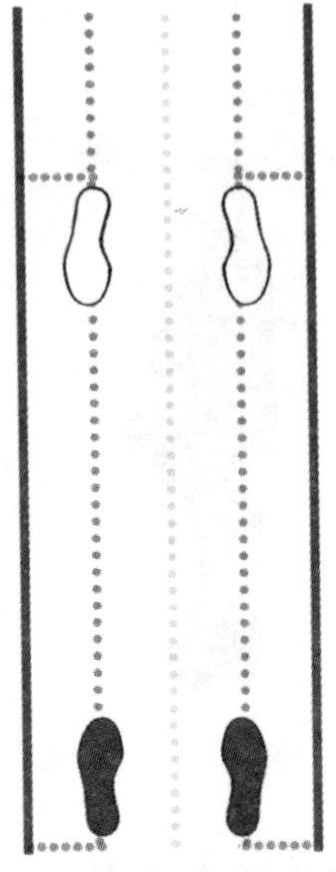

附图 6–24

动作二：甲、乙双方各以左脚向前上迈一步，同时，两臂自身体两侧向上抬起，与身体夹角约 35°；头宜正直，面带笑容；身体中正安舒，含胸拔背；眼神顾及对方（图 6–25、附图 6–25）。

图 6–25

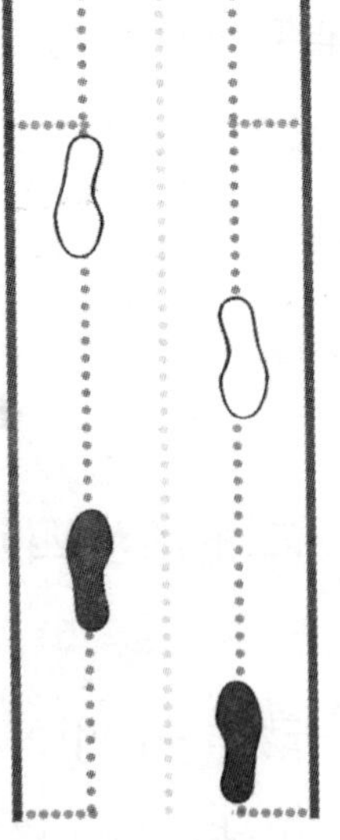

附图 6–25

动作三：甲、乙双方各以右脚向前跟一步，与左脚成开立步站立；同时，左手向胸前弧形抱起，左手随向胸前抱随四指并拢伸直成掌，拇指向内弯曲，掌心向右下侧，指尖朝右上侧，高与肩平；右手同时也随向胸前弧形抱随由掌变拳，拳面贴于左掌心，随即左掌四指弯曲按住右拳背，拳眼向内；头宜正直；立身中正，含胸拔背；眼神顾及对方（图6–26、附图6–26）。

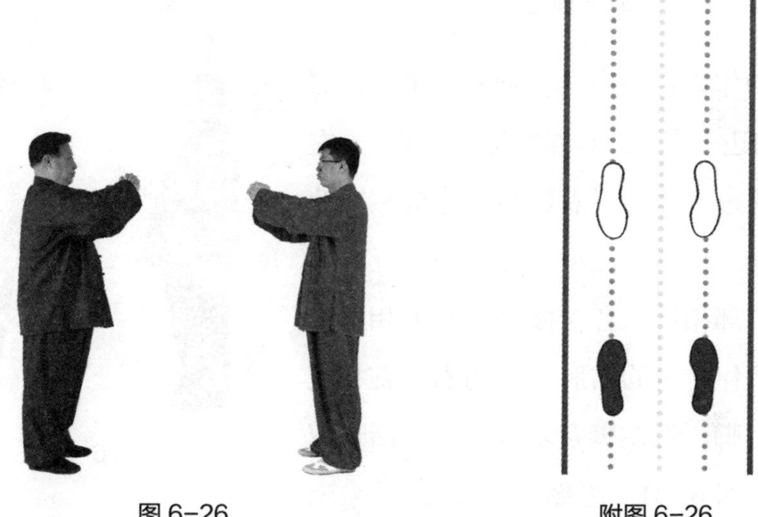

图 6–26　　附图 6–26

动作四：甲、乙双方抱拳，随即头随上体向前俯 15°；眼视各自的抱拳，眼神顾及对方双脚（图 6–27）。

图 6–27

动作五：甲、乙双方抱拳；抬头直腰，随即两手变掌弧形落于两胯旁，立身中正，含胸拔背；眼神顾及对方（图 6–28、图 6–29、图 6–30）。

图 6-28

图 6-29

动作六：甲左脚尖向外撇 45°，右脚向前迈一步；乙右脚尖向外撇 45°，左脚向前迈一步，甲右脚与乙左脚相对为一顺，故称顺步。甲、乙两人相互以右手腕背部相搭，各含掤劲；双方相互以左手按住对方的右肘，成为右手腕相交的甲右脚、乙左脚顺步（套步）活步双推手（图 6-31、附图 6-31）。

图 6-30

图 6-31

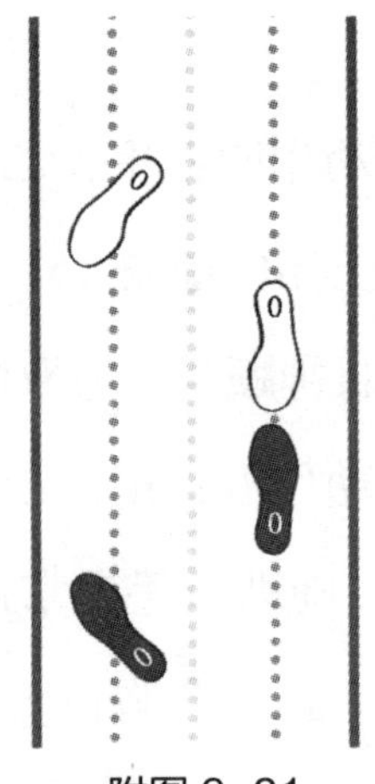

附图 6-31

动作七：设甲进乙退。甲右脚稍向回提起，随即落于原地；同时，乙左脚稍向前提起，也随即落于原地。甲、乙均为第一步（图6–32、图6–33、附图6–33）。

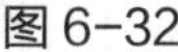

图 6–32

图 6–33

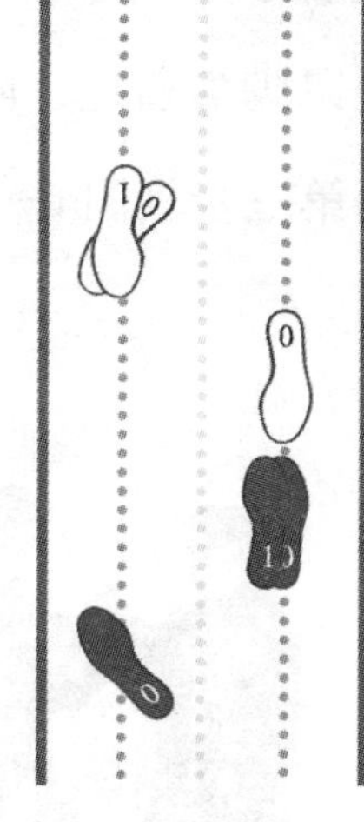

附图 6–33

动作八：甲重心全部移于右腿，左腿提起向前插在乙右脚内侧，先以脚跟着地，随着重心前移，使全脚踏实，弓左腿，蹬右腿，成左弓步；同时，乙重心全部移于右腿，左腿提起向左后侧退一步，先以脚尖着地，随着重心后移，使全脚踏实，成右虚步。甲、乙均为第二步（图 6–34、图 6–35、附图 6–35）。

图 6–34

图 6–35

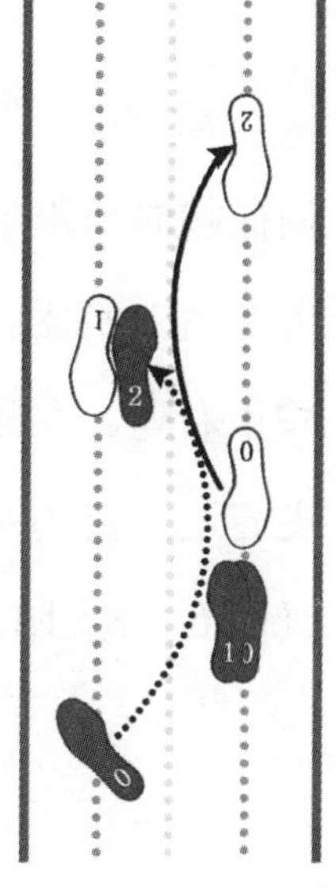

附图 6–35

动作九：甲重心全部移于左腿，右腿提起向前迈，落在乙左脚外侧，先以脚跟着地，随着重心前移，使全脚踏实，弓右腿，蹬左腿，成右弓步；同时，乙重心全部移于左腿，右腿提起向右后侧退一步，先以脚尖着地，随着重心后移，使全脚踏实，成左虚步。甲、乙均为第三步（图 6–36、图 6–37、附图 6–37）。

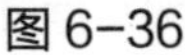

图 6–36

图 6–37

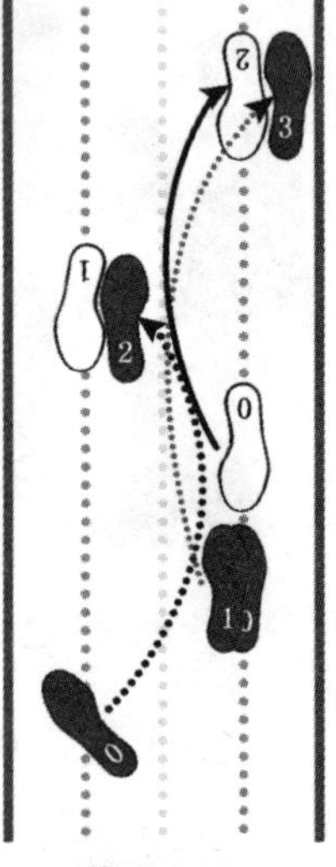

附图 6–37

动作十：甲重心全部移于右腿，左腿提起向前跟半步，以脚尖着地，右腿仍弯曲，不要直立；同时，乙重心全部移于右腿，左腿提起向回退半步，以脚尖着地，仍为左虚步。甲、乙均为半步（图 6–38、附图 6–38）。

图 6–38

然后转为乙进甲退。当乙退了三步，右脚向回退半步，随即转为进步，进步时先提右脚向前迈出，此为乙的第一步；甲进了三步，右脚提起向前跟半步，随即转为退步，退步时先提右脚向后撤步，此为甲的第一步。接着甲进乙退各三步半，然后再转为甲退乙进，如此一进一退地循环练习。

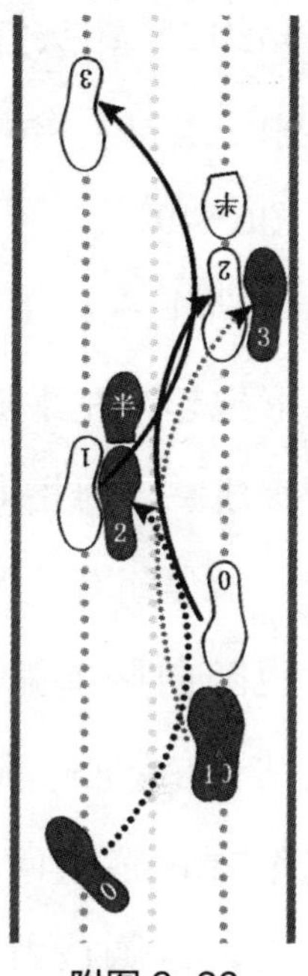
附图 6–38

推手完毕：

动作一：甲、乙双方将右脚撤回，与左脚成开立步，对面站立在各自的川字格区域内；两手自然下垂，掌心贴于两胯外侧；头宜正直，面带笑容；立身中正，含胸拔背；眼神顾及对方（图 6–39、附图 6–39）。

图 6–39

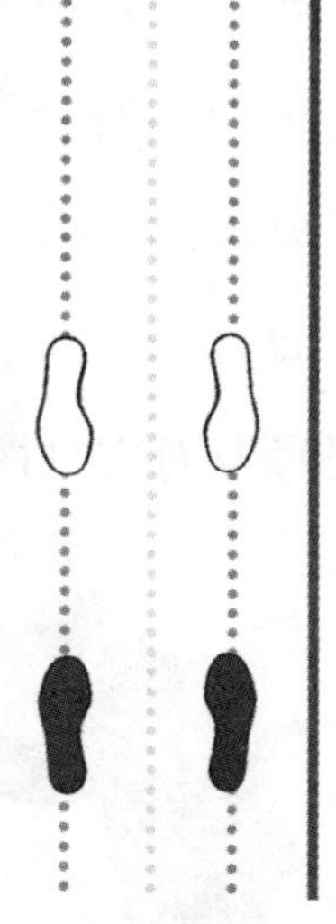
附图 6–39

动作二：甲、乙双方同时将两臂由身体两侧向上抬起，与身体夹角约35°；头宜正直，面带笑容；身体中正安舒，含胸拔背；眼神顾及对方（图6–40）。

图 6–40

动作三：甲、乙双方左手向胸前弧形抱起，左手随向胸前抱随四指并拢伸直成掌，拇指向内弯曲，掌心向右下侧，指尖朝右上侧，高与肩平；右手同时也随向胸前弧形抱随由掌变拳，拳面贴于左掌心，随即左掌四指弯曲按住右拳背，拳眼向内；头宜正直；立身中正，含胸拔背；眼神顾及对方（图6–41）。

图 6–41

动作四：甲、乙双方抱拳，随即头随上体向前俯15°；眼视各自的抱拳，眼神顾及对方双脚（图6–42）。

动作五：甲、乙双方抱拳；抬头直腰，立身中正，含胸拔背；眼神顾及对方（图 6–43）。

图 6–42　　图 6–43

动作六：甲、乙双方抱拳，右脚先向后撤一步，随即左脚向后撤，与右脚齐，成开立步；两手变掌弧形落于两胯旁，立身中正，含胸拔背；眼神顾及对方（图6−44、附图6−44、图6−45、附图6−45）。

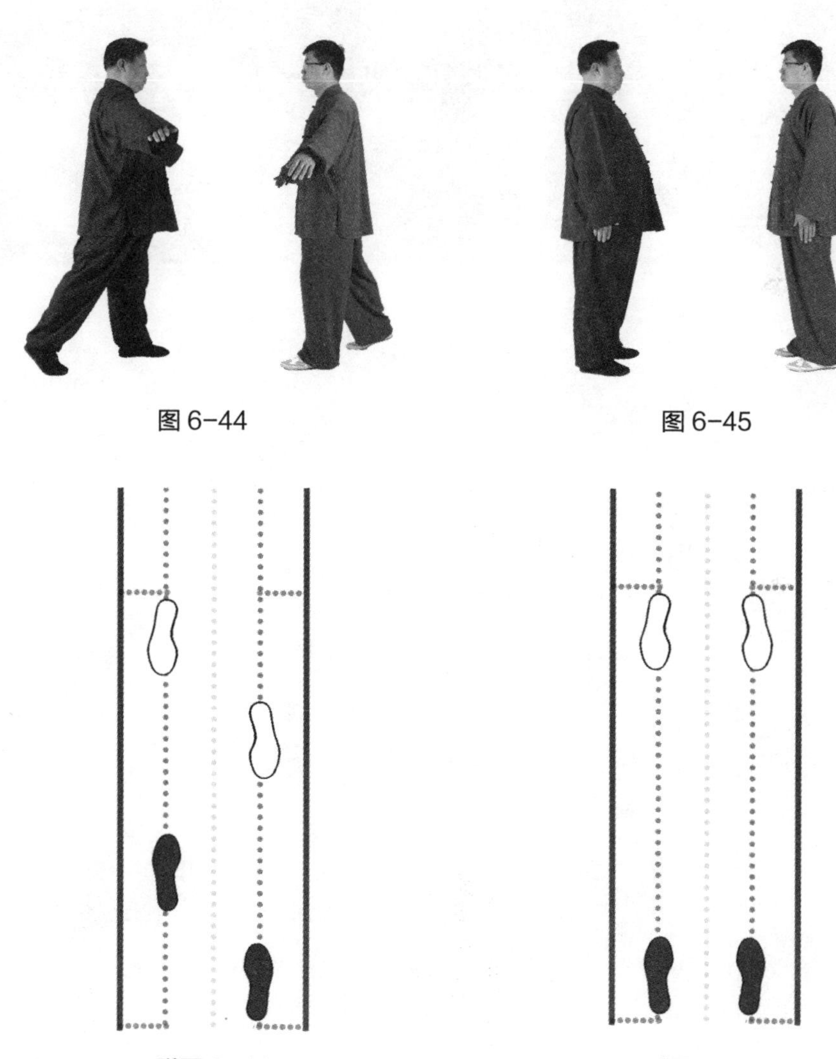

图6−44　图6−45

附图6−44　附图6−45

思考题

1. 杨式太极拳活步四正顺步（套步）推手（甲左脚、乙右脚）推手步法，甲手法逆时针方向旋转是顺势还是被势？

2. 杨式太极拳活步四正顺步（套步）推手（甲右脚、乙左脚）推手步法，假定甲手法逆时针方向旋转是顺势，乙是顺势还是被势？为什么？